KB246485

이 책을 소중한 당신에게 드립니다.

_______________ 님께

_______________ 드림

에코넷 사람들의 소중한 행복

ECONETian  ECONETian

에코넷 사람들의 소중한 행복

일상의 반복에서 빛나는 감동을 찾은
에코넷 사람들의 소중한 행복 이야기

에코넷 사람들 _ 지음

일빛

에코넷 사람들의 소중한 행복

2013년 4월 10일 초판 1쇄 인쇄
2013년 4월 15일 초판 1쇄 발행

지은이 | 에코넷 사람들

펴낸이 | 이성우
펴낸곳 | 도서출판 일빛
출판등록 | 제10-1424호(1990년 4월 6일)
주소 | 121-837 서울시 마포구 서교동 339-4 가나빌딩 4층
전화 | 02) 3142-1703~5
팩스 | 02) 3142-1706
전자우편 | ilbit@naver.com

값 12,000원
ISBN 978-89-5645-169-5 (03320)

열정으로 감동하는 사람들

에코넷 사람들의 이야기를 시작한 지 벌써 3년입니다. 에코넷 사람들의 '습관'과 '말씀'에 이어 올해는 '행복'에 관한 이야기를 전합니다. 에코넷 사람들이 어울려 만든 소중한 행복입니다.

흔히 직장은 제2의 가정이라고 합니다. 어쩌면 우리는 가족보다 직장 동료와 더 많은 시간을 함께합니다. 같이 먹고 대화하는 시간이 거의 하루 종일입니다. 그래서 행복을 추구하는 게 인간의 욕구라면, 직장 생활이 만족스러워야 삶이 행복하다고 하겠습니다.

'꿈을 함께하는 행복한 일터'를 추구하는 에코넷 사람들도 즐겁고 신나게 일하며 행복한 직장을 만들어 가려고 노력합

니다. 여기 모은 이야기들은 그러한 행복 만들기에 관한 이야기입니다. 주어진 임무를 치열한 노력으로 달성하여 뿌듯한 사람들, 가족의 사랑으로 어려움을 이겨낸 사람들, 이웃과 사회와 정을 나누기에 보람찬 사람들, '자연의 혜택을 인류에게' 전하자는 뜻으로 함께하기에 자랑스러운 사람들이 에코넷 사람들입니다. 즉 일상의 반복에서 빛나는 감동을 찾은 사람들이 에코넷 사람들입니다.

그렇다면 일상의 소소함을 새롭게 보는 눈, 새롭게 보는 자세가 행복인지 모르겠습니다. 사람을 다시 보고 일을 다시 보고, 그렇게 하여 나날이 새로워지고 새로이 감동하는 게 행복이 아닐까 싶습니다. 무심히 듣던 동료의 말에서 전환의 계기를 발견하고, 매일 계속하던 업무에서 변화를 도모하는 게 행복이라는 말이지요.

저도 올해 들어 행복했던 순간을 하나 적어 보겠습니다. 새해 들어 에코넷 사람들은 치열한 토론을 거쳐 에코넷 헌장을 새로 제정했습니다. 오래 전 '자연의 혜택을 인류에게'라는 미션을 정하던 초심이 '세상을 건강하고 지속 가능하게' 하는 항심으로 이어지기를 바라며 우리는 꿈을 함께하는 사람들임을 확인했습니다. 저는 이것이 행복이라 생각합니다. 열정으로 신뢰하고 감동하는 게 행복입니다. 여기 에코넷 사람들이 제정한 다짐을 옮깁니다. 한 문장 한 문장 에코넷 헌장을 다듬던 에코

넷 사람들의 얼굴이 벌써 새롭습니다.

고맙습니다.

정직하고 깨끗한 자연에서 인류에게 이로운 선물을 찾은 우리는
'자연의 혜택을 인류에게' 전하자는 열정으로
건강하고 아름다운 세상을 만든다는 자부심으로
치열하게 최고를 추구합니다.
자연에서 발견한 소중한 가치를 나누는 것이 우리의 사명이고, 사람을 건강하고 풍요롭게 하는 것이 우리의 보람입니다.
그리하여 우리는
'꿈을 함께하는 행복한 일터' 에서
정직하고 성실하게 존중과 신뢰로 협력하여
건실한 성공 기업으로서
건강하고 지속 가능한 세상을 만드는 데 기여하겠습니다.

에코넷 총괄사장
이병훈 이 병 훈

차례

일상의 반복에서 빛나는 감동을 찾는
에코넷 사람들의 소중한 행복 이야기

조용한 가족

내가 지금 몸담은 곳은 유니베라의 지주회사인 '에코넷 홀딩스'라는 회사다. 여기에서 근무를 시작한 지는 9개월째로 접어들고 있다. 초창기에는 '홀딩스'라는 말의 의미도 제대로 알지 못한 채 오게 돼서 내가 이 조직에 맞는 사람인지 아닌지조차 헛갈릴 정도로 혼란을 겪기도 했다. 이런 혼돈에 휩싸이게 된 이유는 여기가 너무나도 ('너무너무 × 100'일 정도로) 조용하기 때문이다.

항상 뒤통수만 보이고, 평상시에는 말씀을 잘 안 하시는 이정권 과장님은 회식 때가 되면 혀가 꼬부라지며 이런 말씀을 하곤 했다.

"홀딩스는 원래 이래. 이런 분위기야!"

절간이나 구중궁궐 부럽지 않은 이곳에서 9개월을 어떻게 보냈을까 생각하다가 문득 지나간 에피소드가 떠올랐다.

에피소드 하나, 내 전화기는 확성기

때는 바야흐로 2011년 연말. 내가 인사기획팀으로 발령을 받자마자 인수인계를 제대로 받을 틈도 없이 일이 밀려들 때였다. 전화기도 쉴 틈 없이 울려댔는데, 난 전화할 때 내 목소리가 그렇게 큰지 몰랐다. 평소에 자기 목소리가 어떻게 들리는지를 모르듯이, 전화를 받으며 얘기할 때 모두가 내 전화에 집중하는 듯한 착각이 들 정도로 주변은 고요함 그 자체였다. 그렇다 보니 부담이 클 수밖에 없었다.

그래서 전화를 할 때나 전화를 받을 때마다 느끼는 이 긴장감이 새로웠다! 조용한 독서실에서 몰래 통화하는 그런 기분이랄까. 아무튼 평소에 느끼지 못했던 미묘한 느낌이었다. 그리고 내 목소리는 작은 목소리가 아니었기 때문에, 이곳 분위기와 맞춰야 한다는 생각에 항상 주위를 의식하면서 전화를 받았다. 지금도 별반 다르지 않다. 하지만 좋은 점은 있다. 전화를 하다가 막히는 게 있으면 누군가가 옆에서 도와준다. (수호천사 민선 대리님^^) 그러고 보면 내가 전화로 주고받는 소리를

경청할 거란 생각이 착각만은 아니었던 듯하다. (ㅎㅎㅎ) 누군가 내 소리를 듣는다고 해서 기분이 나쁘지는 않다. 왜냐고? 그건 나에 대한 동료들의 관심의 표현이니까. (ㅎㅎㅎ)

에피소드 둘, 조 사장님은 에너자이저!

올해 여름, 날씨가 화창한 어느 점심시간. 조태형 사장님의 산책 친구이셨던 황규철 상무님이 외부 약속으로 함께 가지 못하게 되어 3~4일 정도 조 사장님과 산책을 나간 적이 있다. 이음에서 식사를 마친 후, 근린공원을 몇 바퀴를 돌다가 나중에는 성수동 이마트와 한강까지 다녀왔다. 평소에 인사만 드렸던 사장님과 산책을 하며 이런저런 이야기를 하고, 좋은 말씀도 들은 즐거운 시간이었다.

그러나 나의 저질 체력은 조 사장님과의 점심 약속을 피하게 만들었고, 조 사장님은 어느 순간부터 나를 놓아(?) 주셨다. 솔직히 체력 때문이라기보다는 날씨가 너무 더운 것도 한몫을 했던 것 같다. 이제는 화창한 가을이 되었으니 사장님께 먼저 다가가 산책을 가자고 말씀드릴 수 있을 것 같다. 그런데 오늘은 비가 오고 있다. (ㅎㅎㅎ)

에피소드 셋, 용감한 그녀

에코넷홀딩스의 생일 담당인 나는 에코넷 임직원님들의 생일이 돌아오면 전자메일로 생일임을 알린다. 워낙 조용한 곳이라서 생일 공지 메일을 발랄하게 띄워도 사람들의 호응이 거의 없다. 그래서 항상 'PS'로 답장을 구걸하고 있는 상황이다. 한번은 답장을 구걸하며 'PTL' 표시를 한 적이 있었다. 그런데 전혀 예상치 못했던 답장이 왔다. 임태규 부장님께서 PTL의 뜻을 모르겠다며 인터넷 검색 창에서 캡처한 이미지를 첨부하시고는 무슨 뜻인지 설명해 달라는 답장이었다.

나는 곧바로 '좌절 금지' 그림을 덧붙여서 자세하게 설명한 답장을 보내드렸다. 그러고는 문득 이런 생각이 들었다.

'무조건 보내기만 했지, 받는 사람의 입장에서 제대로 헤아리지 못했던 건 아닐까?'

평균 연령이 45세인 이 조직에서 내 스타일대로 메일을 썼으니 답장이 안 올 수밖에……. 사실 내가 유일한 20대이기에 만담하듯이 주거니 받거니 하는 것을 바랄 수 없는 상황이라는 것을 나도 잘 안다. 하지만 조직이란 것이 경직되기만 해서는 잘 된다고 생각하지 않기 때문에, 조 사장님의 답장을 받을 때까지 내 식대로 발랄하게 보낼 계획이다. (이러면 답장을 더 안 보내실까……. ㅎㅎ) 대신에 메일을 쓸 때는 줄임말이나 모르는

단어가 있는지 찬찬히 살펴서 주석을 달아야겠다는 생각을 해 본다.

몇 가지 안 되지만, 기억에 남은 에피소드를 적어 놓고 보니 무심코 지나갔던 다른 일들이 새록새록 마구 떠오른다. 하지만 다른 에피소드들은 아껴 둘 생각이다. 언젠가 또 다시 글을 써야 할 기회가 왔을 때를 대비해서 말이다. 그리고 이곳에서 좀 더 오랫동안 기억에 남을 수 있는 추억이 많이 생기기를 기도해 본다.

배연숙 :: 에코넷홀딩스 재무기획팀

김장의 달인

지난해 여름에 에코네시안이 되었고, 그해 겨울에 유난히 도 많은 김장을 담갔습니다. 2011년 겨울, 에코넷홀딩스 전 임직원은 CSR 활동으로 서울시 행당동에 있는 '성동 평화의 집'에서 김장을 담가 거동이 불편하신 어르신들과 새터민, 저소득층 가정에 김치를 전달하는 봉사활동을 하였습니다.

평소에 집에서 김치를 담글 때면 막내라는 이유로 뺀질뺀질 요령만 피우고 일을 하지 않았는데, 에코넷홀딩스에서는 서른일곱 살 먹은 막내(?)였기에, 집에서와는 정반대로 정말 열심히 일할 수밖에 없었습니다. (^^)

성당의 수녀님, 그리고 여러 신자님들과 함께 600여 포기의 김장을 담갔습니다. 처음에는 익숙지 않은 손놀림으로 어색

했지만, 시간이 지날수록 몸짓이 익숙해지면서 김장을 담그는 재미가 조금씩 생기기 시작했습니다. 솔직히 김장을 담그면서도 이 김치가 다른 분들께 얼마나 도움이 될지는 마음에 크게 와 닿지 않았습니다. 그런데 김장을 다 담그고 나서 수녀님들과 함께 봉고차를 운전하며 직접 가가호호 방문하여 김치를 전달해 드리면서 너무나 죄송한 마음이 드는 동시에 큰 감동과 기쁨을 느낄 수 있었습니다.

제가 방문한 집은 주로 혼자 거주하시는 어르신 댁이었는데, 노구의 몸으로 혼자 살고 계신 할머니, 할아버지께서 너무나 반갑게 맞아주시고, 김치를 줘서 너무나 고맙다고 말씀하시면서 어떻게든 우리에게 고마움을 표현하시려는 모습에 너무나 뿌듯했습니다. 그런 한편으로 이것밖에 못해 드리나 싶어 죄송스러운 마음에 가슴이 먹먹해 왔습니다. (평생토록 남에게 피해 주지 않고 묵묵히 자식들을 키우며 성실하게 살아오셨을 어르신들인데……) 지금 돌이켜 생각해 보면, 정말 뜻 깊고 보람된 일을 한 것 같아 행복한 순간이었던 것 같습니다.

개인적으로도 그해 겨울에는 김장을 무척이나 많이 담갔습니다. 평소에는 요령만 피우며 하지 않던 김장을 한꺼번에 다 담근 것 같습니다. 아마도 벌을 받은 게 아닌가 생각합니다.

지인의 집에서 약 300포기를 (정말 죽을 만큼 힘들었습니다.) 담갔습니다. 그리고 평소 우리 집과 처가에서 김장을 할

때는 누님, 처형, 형님들이 계셔서 일을 하지 않았는데, 이상하게도 그해에는 다들 다른 일들로 바쁘셔서 제가 일할 수밖에 없는 상황이었습니다. 고춧가루에 찹쌀 풀, 젓갈, 무채, 쪽파, 미나리 등을 넣어서 김장 속을 만들고, 소금에 절여 숨이 죽은 배추에 적당히 고루 잘 넣어서 김치냉장고 김치 통에 쏙. 지금 생각만 해도 삭신이 쑤시네요.

그해 겨울, 저는 온몸과 마음으로 더불어 사는 삶의 소중함을 느끼면서 김장의 달인이 될 수밖에 없었습니다.

이정권 :: 에코넷홀딩스 재무기획팀

그냥 들어주는 사람

마음을 얻는 지혜, 경청…….

다른 사람 말에 귀를 기울이는 '경청'의 한 가지 방법을 이야기해 볼까 한다.

에코넷홀딩스에는 늘 그냥 들어주시고, 언제나 그냥 들어주실 것만 같은 문선유 위원님이 계시다.

몇 년 전, 회사에서 서번트 리더십을 강조하던 시절이 있었다. 그 당시에는 너무나 많은 이야기가 오갔던 주제였다. 그런데 아주 중요한 덕목임에도 너무 강조되다 보니, 왠지 모를 부담감도 생겼던 것 같다. '무조건 잘 해야 할 것 같고, 정해진 스킬이 있을 것만 같고, 하기 싫을 때는 어찌 해야 되나…….' 이런 생각까지 들었을 정도였다.

선의의 청자聽者는 경청을 하고자 하겠지만, 말하고자 하는 사람의 입장에서는 자신의 이야기를 아무런 부담 없이 편하게 공감해 주었으면 하는 정도의 바람이 있을 때가 있다. 한마디로 표현하면 '그냥 들어주었으면 하는 바람'이다. 해결해 달라는 것도 아니고 같이 고민하자는 것도 아니다. 마음속에 담아둔 이야기를 아무 생각 없이 늘어놓고 싶을 때, 그냥 들어줬으면 좋겠다는 것이다. 만에 하나 상대방이 내 이야기에 맞장구를 치기 위해서 호응하는 몇 마디가 나에게 위안이 되거나 좋은 아이디어로 다가올 수도 있겠지만, 그렇지 않다고 해서 서운해 하지도 않는다. 그런데 막상 그런 상대를 회사에서 찾기란 쉽지 않다.

사람들은 상대방의 이야기를 들으면서 평가하려고 한다. 그러고는 자신만의 잣대로 좋고 나쁨을 정하고 분류한다. 이런 면은 좋고, 이런 면은 나쁘고, 가까이 할 사람, 멀리 할 사람……. 물론 이런 것들이 자연스러운 행위일 수도 있다. 나 또한 그러니까 남들도 그럴 것이라는 생각을 갖게 된다.

직장인으로서 회사 생활을 하다 보면 기쁜 일보다는 힘든 일이 더 많은 것 같다. 언젠가 슬럼프에 빠져서 일에 흥미를 느끼지 못해 방황하고 있었을 때, 그분에게 이런저런 이야기를 할 기회가 있었다. 내가 이런 얘기를 해도 되는 것인지 살짝 걱정될 수준이었던 것 같다. 하지만 그분은 늘 관심을 가지고 들

어주시고, 이야기를 마칠 때쯤 이렇게 말씀하시곤 했다.

"이런 일이 있으면 언제든 얘기해, 내가 잘 들어주잖아!"

그러시고는 털털하게 웃으셨다. 지금 생각해 보면 그분이 너무나 감사하고, 그냥 들어주시는 것만으로도 큰 힘이 되고 있는 것 같다.

그렇다고 내가 속상해서 힘이 들거나 답답한 일이 있을 때마다 어린 아이처럼 찾아가서 하나하나 이야기하지는 않는다. 나 스스로 문제를 극복하고 이겨내기 위해 노력하겠지만, 힘이 들 때 내 이야기를 들어주는 사람이 있다는 것만으로도 나에게 뭔가 해결책이 있는 것 같은 마음의 위안이 된다. 하던 일이 잘 풀리지 않을 때 차 한 잔, 소주 한 잔을 함께 나누며 마음속에 담아 둔 이야기를 꺼낼 수 있다는 것만으로도 큰 힘이 될 것이다.

요즘은 스마트폰을 사용하는 시간이 늘어나면서 대화의 단절이 점점 더 심해지는 것 같다. 어쩌다 공원에 나가 보면 가족끼리 나들이를 왔는데도 각자 스마트폰만 쳐다보고 있는 풍경을 쉽게 볼 수 있다. 옆에 있는 사람과 말하고 듣는 시간은 점점 줄어들고 보는 것에만 열중한다.

또한 매스컴을 통해서는 믿기지 않을 정도로 놀랍고 끔찍한 사건들을 자주 접하게 된다. 그런 사건을 자세히 들여다보면 가해자들 대부분이 사회에서 관심을 받지 못하고 소외당한

사람들이라는 것을 알 수 있다. 인적 드문 밤거리에서, 차디찬 단칸방에서, 모두가 잠든 시간에 PC방에서 방황하는 사람들. 사회에서 인정받지 못하고 경쟁에서 밀려난 사람, 가정불화로 부모의 사랑을 받지 못하는 아이들, 옳고 그름보다는 경쟁에서 이기는 방법을 먼저 배우는 학생들……. 이들 곁에 누군가가 있어서 그들의 말을 진심으로 들어주기만 했더라면 어땠을까 하는 생각을 가져보기도 한다.

누군가에게 들어주는 대상이 된다는 것, 늘 그 자리에 있는 것이 사랑의 시작이자 경청의 방법이 아닌가 생각한다. 나 또한 동료와 후배들에게 그런 대상이 되려고 한다. 열심히 들어주고, 선배로서 조언도 해주고, 설령 딱히 좋은 해결책이 없더라도 함께 힘내자는 말을 해주려고 한다. 그러다 보면 결국에는 서로가 바라던, 그리고 우리가 이루고 싶어 하는 결과에 도달해 있을 것이라는 희망을 품어 본다.

문길성 :: 에코넷홀딩스 재무기획팀

아버지의 편지

나에겐 고이 간직한 아버지의 편지가 한 통 있다. 편지봉투도, 우체국 소인도, 우표도 없는 편지다. A4 용지 절반 크기의 알로콥ALOECORP 메모지 열두 장에 쓰신 편지로, 편지글 마지막에는 '2000. 4. 6. 木'이라는 날짜가 적혀 있다. '분명한 것은 모든 것이 잘 되기를 발원한다.'라는 글과 함께.

1999년 4월, 나는 덴버에 있는 미국 현지 법인으로 파견근무를 명받았다. 더 넓고 큰 시각으로 회사를 발전시키고, 개인의 역량도 키우라는 회사의 배려가 반영된 인사명령이었다. 원래는 1998년 초에 나갈 예정이었으나 1997년 말에 불어 닥친 외환위기로 인해 늦춰진 것이다.

단신으로 부임한 후 현지 법인 직원들의 도움으로 거처를

마련하고, 가족은 2개월 후에 들어왔다. 낯선 환경에서도 오전에는 덴버 대학 어학당에서 영어를 배우고, 오후에는 사무실에서 일을 하며 열심히 생활할 수 있었다. 어린 딸들도 미국 초등학교에서 잘 적응하며 학교생활을 즐기는 것 같았다. 나도 한국에서의 생활과는 달리 주말이면 가족과 여행을 하고, 문화생활을 하는 등 조금씩 변해 가고 있었다.

2000년 4월, 회사는 분사分社를 추진하는 큰 변화를 겪게 된다. 회사에서는 분사 이후 관리를 위해 진천으로 복귀를 요청했고, 아내와 딸들은 미국에서 좀 더 지내기로 하고 나 혼자 귀국하는 것으로 결정했다. 딸들이 미국 생활을 하면서 영어를 열심히 배워 글로벌 인재로 자라기를 바랐던 것이다. 딸들도 미국 생활에 만족하고 있었고, 아내도 마찬가지였다. 기러기 아빠가 되기로 결정하고 나서 귀국하기에 앞서 부모님을 미국으로 초대했다. 부모님을 모시고 며칠만이라도 콜로라도 주를 관광시켜 드리고픈 자식으로서의 작은 바람이었다.

그러나 내 의도와는 달리 아버지의 생각은 전혀 다른 곳에 있었다. 관광을 하러 오신 것이 아니라 손녀들과 함께 귀국할 생각이셨던 것이다. 나는 입시 위주의 우리나라 교육 환경을 지적하면서 아이들을 미국에 더 두겠다는 고집을 굽히지 않았다. 평생을 교직에 몸담으신 아버지 가슴에 큰 상처만 남긴 채…….

그날 당신께서 밤새 쓰신 것이 이 편지다. 아버지는 편지에 "이런 기억들은 나와 네 어머니, 그리고 너와 며느리만의 일시적 기억이고, 나는 이곳을 떠나는 순간부터 다 잊고 싶다."라고 적으셨지만, 나는 내 경솔함을 반성하면서 아버지의 깊은 뜻이 담긴 이 편지를 꺼내어 읽곤 한다.

일본의 격언인가 속담에도 '人の意見わ 四十まで'라는 말이 있다. 사람은 다 주관이 있고, 자기 철학이 있어서 40세가 되면 남의 말을 듣지 않는다는 뜻이다. 그러니 '사람의 의견(충고든 조언이든)은 40세까지'라는 뜻이다. 그러나 우리는 남이 아니지 않느냐. 내가 귀국을 같이 하자는 이유는 어제도 말한 대로 크게 세 가지다.

첫째는 마음이 놓이지 않는다…… (중략) 가장이 집에 있을 때와 없을 때는 모든 면에서 엄청난 차이가 있다. 둘째는 출국 전에도 그랬지만, 애들이 얼치기가 될까 봐 걱정이다…….

(중략)

일의 본말, 경중, 선후를 잘 생각해라. 장삿속으로 인생을 사는 것은 아니지만, 얻는 것과 잃는 것을 잘 저울질하는 지혜가 필요하다.

시간이 지나서 지금 다시 그런 상황에 처하면 어떤 결정을

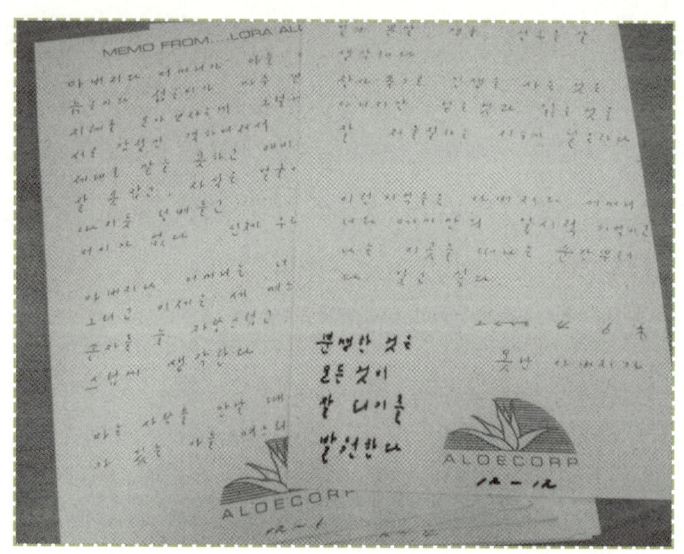

내릴지 돌아본다. 어려운 시간을 잘 견뎌 준 아내와 딸들에게 고맙다는 말을 해주고 싶다. 내 기억에 행복한 순간으로 남아 있는 추억을 만들어 주신 부모님께도…….

아버지! 오래오래 건강하시고 항상 따끔한 충고 아끼지 말아주세요.

심호영 :: 에코넷홀딩스 CFO

한여름 어느 날의 소중한 추억

2012년의 여름은 유난히도 더웠던 것 같다. 7월 말부터 시작된 불볕더위가 8월 말까지 이어진 기간이 이제까지 살아온 중에서 가장 무덥고 뜨거웠던 여름이 아니었나 생각된다. 이제는 어느새 추위를 느끼는 가을의 한복판에 서서 붉은 잎으로 변해 가는 가로수와 성수공원을 바라보노라면 자연의 위대한 힘과 법칙을 새삼 느낀다. 그러고는 '겨울이 찾아오면 매서운 추위와 함께 함박눈도 내리겠지!' 하는 생각으로 겨울을 기다린다.

유난히도 더웠던 지난여름 8월, 미국에서 열린 컨벤션에 참가하기 위해 대리점 사장님들과 미국 여행을 하는 소중한 기회를 얻었다. 함께 근무하는 후배들에게 기회가 돌아갔으면 했

는데, 이미 결정되었다는 통보를 받고 큰 기대 없이 미국 연수를 준비했다. 그러면서도 마음 한편으로는 영업 부서에서 근무한 경험이 없기 때문에, 대리점 사장님들과 함께 미국 연수를 간다고 하니 설레면서 걱정도 많이 되었다.

인천공항에 도착해서 대리점 사장님들과 어색한 인사를 나눈 후 비행기에 탑승했다. 낯을 좀 가리는 성격이다 보니 처음 보는 회사의 VIP 고객들과 금방 친해진다는 게 쉽지 않은 일이었지만, 텍사스의 힐탑가든Hilltop Gardens 농장에 도착했을 즈음에는 어색함이 많이 사라져 있었다. 그들과 동행하면서 이런 저런 사연으로 싹튼 작은 인연들 때문에 더 쉽게 다가갔는지도 모른다.

말로만 듣던 힐탑가든에 도착해 정원을 둘러보니 나무 하나하나마다 아름다운 의미와 스토리를 가지고 있었고, 한국의 우수 UP님들의 이름이 새겨진 블록들도 멋지게 꾸며져 있었다. 함께 구경하던 대리점 사장님들이 당신의 이름을 보면서 얼마나 즐거워하던지 마치 내 이름을 확인한 것처럼 내가 더 기뻤다. 대리점 사장님들이 말씀하시는 구절구절마다 에코넷에 대한 열정과 사랑이 얼마나 진하게 묻어 나오던지 '정말 대단한 분들이구나!'라는 생각이 들었고, 에코넷에서 이런 훌륭한 분들과 함께 있다는 것만으로도 자부심이 느껴졌다. 둘러보는 걸음 중간 중간에 그동안 UP부터 사장까지 하게 된 과정과

사연들을 들으며 그분들을 더 존경하게 되었고, 어느새 같은 공기를 호흡하는 가족 같은 관계로 발전했다.

다음날, 한국보다 더 뜨거운 텍사스 하늘 아래서 알로에를 심는 프로그램에 참여하기 위해 농장으로 갔다. 알로에 모종을 밭에 새로 심는 프로그램인데, 날씨가 너무 더워서 과연 할 수 있을지 조금 걱정이 되었다. 하지만 직접 트랙터에 올라서 심어 보니 더위와 우려는 순식간에 사라지고 즐거움과 행복감에 빠져들었다. 알로에를 처음 심어 보는 일이었지만, 대리점 사장님들과 한 조를 이루어 서로 도와가며 하다 보니 매우 만족스럽고 뿌듯했다. 내가 직접 심은 유기농 알로에를 우리 고객들이 드시게 된다고 생각하니 더 신중하고 정성스럽게 심었던 것 같다. 그렇게 한낮의 무더위와 싸우며 심은 알로에를 보니 마치 내가 농부가 된 것 같은 성취감과 행복감이 밀려왔다. 때마침 작업이 끝나자 심어 놓은 알로에에 단비가 되어 줄 소나기가 내려서 하늘도 도와주는 것 같았다.

요즘은 에코넷 센터에서 미국에 함께 갔던 사장님들을 가끔 만나게 되는데, 정말로 반갑게 맞아주신다. 그분을 볼 때마다 모두가 건강하시고, 대리점 사업도 더욱 잘 되기를 항상 기원한다.

나는 원래 화분을 가꾸는 일에 취미가 있어서 지금도 사무실에서 알로에 화분을 직접 키우고 있다. 화분에 물을 줄 때마

다 직접 심은 텍사스 알로에가 잘 자라고 있는지 궁금하다.

비록 짧은 기간이었지만, 대리점 사장님들과 함께했던 미국 연수가 에코넷에서 경험했던 가장 행복한 순간이 아니었나 생각한다.

윤금수 :: 유니젠 재경팀

'알로콥 중국'의 가장 큰 자산

하이난 섬海南島은 중국 남단에 위치한 섬으로, 미국의 하와이와 멕시코의 탐피코 지역과 비슷한 위도에 자리하고 있어서 알로에Aloe 같은 열대성 식물을 재배하는 데 최적의 조건을 갖추고 있습니다. 하지만 전 세계적으로 나타나는 '이상 기온' 현상을 하이난 섬도 피해 갈 수 없었던 시기가 있었습니다.

지금으로부터 3년 전이었습니다. 2009년 10월 23일경 10여 년 동안 회사를 이끌었던 CEO가 바뀌면서 어수선한 회사의 분위기가 제자리를 잡기도 전에 새벽부터 폭우가 내리기 시작했습니다. 천둥과 폭우소리에 잠을 깬 시간은 오전 5시쯤 어둠 속에서 폭우는 계속 내렸고, 기숙사에서 바라본 상황은 황토빛 물이 회사가 있는 저지대를 향해 무섭게 쏟아져 내려오고

있었습니다. 3년이라는 시간이 지난 지금도 그때를 떠올리면 등줄기에 식은땀이 흐르는 두려움 그 자체였습니다.

우선 정신을 차리고 기숙사를 나와 사무실로 향하는데, 폭우와 일월만日月灣의 만수로 인하여 기숙사가 침수되기 시작했습니다. 기숙사에서 사무실로 가는 약 3미터 정도의 거리는 황토 빛 물이 허리까지 차올랐습니다. 그때 세찬 물살을 헤치며 걸어가던 내 다리에 와 닿은 이물질을 생각하면 지금도 온몸이 떨립니다.

7시쯤 되자 사무실과 공장 일부가 침수되기 시작했고, 8시를 넘기면서 폭우는 더욱 거세지기 시작했습니다. 게다가 설상가상으로 2~3일 후에 하이난 섬 쪽으로 강력한 태풍이 다가온다는 소식을 듣고 더욱 긴장하게 되었습니다. 이 상황에서 우리들은 결단을 내려야 했습니다.

당장 공장의 주요 시설과 제품이 안전하도록 조치하는 동시에 직원들의 안전도 확보해야 했습니다. 우선 모두가 협심하여 침수가 우려되는 제품을 안전한 곳으로 옮기기 시작했습니다. 침수가 우려되는 공장 시설에 대해서는 더 이상의 피해를 막기 위해 공장 직원을 중심으로 모래주머니 등을 쌓아 더 이상 침수가 되지 않도록 했습니다.

2~3일 후에 강력한 태풍이 하이난 섬을 관통한다는 소식을 듣고 회사에 남아 있던 여직원들을 안전한 지역으로 대피시

켰습니다. 10시가 지나면서 폭우의 기세가 한 풀 꺾였습니다. 또한 다행스럽게도 일월만에 썰물이 시작되어 점심시간 무렵에는 위험 상태에서 조금씩 벗어났습니다. 그렇지만 침수와 태풍을 대비하여 남아 있던 직원들은 점심도 제대로 먹지 못한 채 침수 방지 작업에 힘을 쏟았습니다. 오후 4시경 정리를 마치고 둘러본 공장 지대는 참혹함 그 자체였습니다.

작업을 마무리하면서 공장, 제품 창고, 사무실 등 피해 구역을 둘러보면서 직원들을 보니 하루 종일 제대로 먹지 못해 안쓰러운 얼굴이 왜 그렇게도 예뻐 보이던지요. 전 직원들이 남아서 내 집안일처럼 안타까워하며 분주하게 움직였기 때문에 더 큰 피해를 방지할 수 있었습니다. 이 일을 계기로 회사의 간부로서, 그리고 에코넷의 일원으로서 오늘과 같은 관심과 사랑을 직원들과 함께 나눈다면 어떠한 힘든 상황도 충분히 헤쳐 나갈 수 있다는 생각이 들었습니다. 어수선하고 힘들었던 하루가 한 번 더 우리 식구들을 생각하게 만드는 계기가 되었습니다.

개개인의 능력은 뛰어나더라도 그것은 너무나 작고 미미합니다. 거대한 나라 중국에서도 가장 살기 힘든 하이난 사람들이 능력은 조금 부족하지만, 그날 보여준 그들의 마음과 사랑이 에코넷 발전의 초석이 되었다고 생각하는 것은 어찌 보면 당연하다 하겠습니다.

그 당시에 함께 고생했던 직원들이 지금도 많이 남아 있습니다. 그때를 회상하면 그들의 얼굴에서 자랑스러움이 묻어 나오는 듯합니다. 알로콥 중국Aloecorp-China의 가장 큰 자산은 회사를 사랑하고, 동료를 걱정하며 함께 생활하는 직원들입니다. 그들이 있기에 에코넷의 미래는 더욱 밝을 것이라 믿습니다.

민병국 :: 알로콥 중국

행복한 회사 생활의 필요조건

'행복'이라는 단어를 떠올리며 '행복은 무엇이고, 어떻게 행복할 수 있는가?'라는 질문을 스스로 해본다. 특히 직장생활에서의 행복은 무엇일까? 『해피어』(탈벤 샤하르 지음, 위즈덤하우스, 2007년)라는 책을 보면 이런 말이 나온다.

> 지속적인 행복을 얻으려면 원하는 목적지를 향해 가는 여행을 즐길 수 있어야 한다. 즉 행복은 산의 정상에 도달하는 것도 아니고, 산 주위를 목적 없이 배회하는 것도 아니다. 행복이란 산의 정상을 향해 올라가는 과정이다.

산 정상에 있는 자신을 칭찬하며 잠시는 행복감을 느낄 수 있겠지만, 또 다른 목표를 갖게 되므로 목표 도달 자체는 진정한 행복이 아닌 것 같다. 행복감은 일시적인 감정이 아니라 지속적인 감정이어야 한다는 말에 공감이 간다. 그러므로 '나는 지금 이 순간 행복한가?'라는 질문 대신 지속적인 행복감을 위해 '어떻게 하면 좀 더 행복해질 수 있도록 지금은, 내일은 무엇을 해야 할까?'라고 자신에게 물어야 한다고 한다. 그래서 '나 스스로 회사 생활에서 어떻게 하면 좀 더 행복해질 수 있을까?'라는 질문으로 에코넷에서의 시간과 사람들을 돌아보려고 노력한다.

이런 질문에 대해 생각해 본다면, 내가 어떤 지위와 권한을 가진 상태 자체가 아니라 일을 하면서 느끼게 되는 보람과 성취감, 그리고 내가 더 많은 경험을 쌓고, 사람들과의 관계를 통해서 성장을 느낄 수 있도록 무엇을 추구하느냐가 행복을 좌우한다고 볼 수 있겠다.

에코넷에서 근무하는 동안 가장 인상 깊었던 일은 2011년에 수행했던 신입사원 공채 업무였다. 회사도 그렇고, 나도 오랜만에 진행한 공채였다. 경제 성장의 속도가 정체되는 분위기에서 사람에 투자하는 것이 쉽지 않은 결정이었다는 점, 그리고 모처럼만에 후배를 맞이하는 선배들의 기대감 등은 나를 포함한 인사팀 모두에게 부담스러운 면이 있었다.

어떻게 하면 유능한 인재들이 많이 지원하도록 만들 것인가? 어떻게 하면 임직원들의 관심을 끌어 모을 것인가? 어떻게 하면 짧은 면접 시간에 좋은 인재를 알아볼까? 지원자들이 회사에 대해 좋은 느낌을 갖게 하고, 제대로 된 선발 절차를 거쳤다는 자부심을 갖게 하려면 어떻게 해야 할까? 단순하고 뻔한 교육이 아니라, 회사에 대한 진정한 자부심과 실질적 도움이 될 수 있는 입문 교육은 어떻게 구성할까? 현업 배치 전에 충분한 자신감을 갖도록 작지만 밑거름이 될 성공 경험을 쌓게 하려면 어떻게 해야 할까? 배치 후에 잘 정착하여 빠른 시간 내에 스스로 기여하고 있다는 소속감을 갖게 하려면 어떻게 해야 할까? 이러한 수많은 질문들을 가족사 인사팀과 함께 풀어 가며 구현하는 과정 자체가 나에겐 너무나 행복했다.

돌아보면 부족한 점이나 힘든 점도 있었지만, 주인공인 신입사원들과 운영을 책임진 인사팀 모두 즐거운 경험이었음은 분명하다. 특히 4주간의 입문 교육 수료식 때 보여준 신입사원들의 창의성과 협동심은 CEO를 비롯한 선배들에게 감동을 주었고, 무엇보다도 신입사원 스스로 작지만 좋은 성공 경험을 통해서 자신감을 갖는 계기가 되었다고 생각한다. 수료식을 마친 후 이음에서 경영진과 함께했던 식사의 즐거움과 뿌듯함은 잊지 못할 즐거움이고, 행복이었다고 생각한다.

'꿈을 함께하는 행복한 일터'라는 말에서 '행복'은 무엇일

까? 그리고 '회사 생활'에서 행복은 무엇일까? 이러한 물음에 대해 미흡하지만 이렇게 정리하고 싶다.

'행복'의 의미는 일을 통한 즐거움과 행복함이고, '일을 통한 행복함'은 일에 대한 만족도가 높은 상태일 것이다. 그리고 '일을 통한 만족도'는 시킨 일만 하는 게 아니라 스스로 자발성을 가지고 더 나은 것을 추구할 때 탁월한 효과를 발휘할 것이다.

'더 나은 것'이라는 결과는 나 스스로 탁월함에 대한 갈증으로 끊임없이 생각하고, 내 생각을 표현하는 것에 충실하면서 개방적으로 토론하고 수용하는 관계에서만 가능할 것이다. 즉 방관자가 아닌 '적극적인 참여자'로서 회사 생활에 임하고, '자발성을 가지고 자율적으로 일하는 구성원이 될 때' 비로소 일을 통한 행복감을 느낄 수 있는 필요조건이 충족되는 게 아닐까 생각한다.

임태규 :: 유니베라 전략인사팀

또 다른 가족

2010년, 사회생활을 처음 시작하는 나에게 회사는 차갑고, 어렵고, 딱딱한 존재로 느껴졌다. 더욱이 수줍음이 워낙 많았던 나는 사람들에게 먼저 다가가는 일이 힘들게만 느껴졌고, 회사 생활에 적응하지 못한 채 넉 달이라는 시간이 지나갔다.

시간이 흐르면서 업무는 익숙해졌으나 친하다고 말할 만한 사람은 없었고, 그러던 중 본부 워크숍을 가게 되었다. 아무래도 편한 복장으로 가다 보니 사무실과는 다른 분위기에서 사람들의 개인적인 성향을 파악할 수 있었다. 그러던 중 재무팀의 한 여사원이 눈에 들어왔는데, 취향은 조금 달랐지만 왠지 모르게 말이 통할 것 같다는 느낌을 받았다. 워크숍에서 쭈뼛

거리는 나와 다르게 솔선수범해서 일하고, 주변 사람들을 챙기는 그녀와 친해지게 되었고, 지금은 가족처럼 개인적인 것들까지 공유할 수 있는 사이가 되었다. 그러면서 그녀뿐만 아니라 그녀와 함께하는 사람들과도 친해지게 되었고, 지금은 여섯 명의 대가족이 되었다.

패밀리의 리더로서 바쁜 업무와 대학원 공부에도 불구하고 항상 챙겨 주는 조영일 과장, 패밀리의 분위기 메이커 우길종 과장, 은근슬쩍 어쩌다 보니 항상 운전을 담당하는 김태완 사원, 우울한 역할 담당인 지민성 사원, 패밀리의 회비와 운영 계획을 담당하는 김경신 사원, 패밀리의 대소사를 챙기는 나를 포함해서 여섯 멤버는 사무실에서도 특별할 정도로 사이가 좋다.

이렇게 친하다 보니 업무에서도 도움을 받게 되는데, 일례로 내가 '가족친화 인증'을 획득하기 위해 여직원 휴게실을 꾸밀 때였다. 워낙 손재주가 없고, 꾸미는 게 서툴러 실사 전날까지도 완성하지 못했다. 게다가 심사 위원들과 저녁식사를 해야 해서 결국 완성하지 못하는 줄 알았다. 하지만 나를 대신해서 우리 패밀리가 새벽까지 남아 휴게실을 꾸몄고, 덕분에 무사히 실사를 마쳤다. 또한 가족 초청 행사를 진행할 때도 기대했던 것보다 참가 신청을 한 자녀들의 수가 적어서 걱정하고 있었는데, 자녀들을 강제로(?) 참가시키는 게 아닌가! 이런저런 개인

적인 고민이 있을 때마다 함께 걱정해 주고, 축하할 일이 있으면 모두가 함께 기쁜 마음으로 축하해 주었다.

마치 내 일처럼 축하와 고민을 공유하는 동료들이 있다는 것은 집보다 회사에 있는 시간이 더 많은 직장인들에게 정말 큰 축복이 아닐 수 없다. 행복한 일터에서 가족처럼 이해해 주는 동료들을 찾은 나는 일확천금보다 더 큰 행복을 찾은 기분이다.

김성희 :: 네이처텍 경영지원팀

응답하라 2.0.0.6

코끝을 스치는 아침 찬바람이 살짝 시리게 느껴지는 초가을. 매년 이맘때면 생각나는 사건이 있다. 에코네시안으로 살아온 지난날을 버틸 수 있게 해주었던, 아직까지 내 마음에 훈훈하게 남아 있는 그때를 떠올려 본다.

모든 게 낯설었던 신입사원 꼬리표를 단 지 얼마 되지 않았을 때, '남양' 품질혁신팀에서 미생물 실험을 맡게 되었다. 그땐 뭘 해도 일이 익숙지 않은 터라, 한 가지 실험을 끝내는 데 늘 예상 시간을 훌쩍 넘기기 일쑤였다. 더욱이 기강을 잡는 선배들 덕분에 힘들다는 얘기를 못했다. 괜히 밀려드는 책임감에 팀원들이 다 퇴근하는데도 혼자 남아 야근을 해야 했고, 심적 부담감은 점점 더 가중되고 있었다. 더욱이 특채로 입사하

여 동기 하나 없었던 나는 마음을 터놓고 고민을 이야기할 사람도 없었다. 그런 상황에서 미생물 실험은 왜 그리도 할 일이 많았던지…….

배지 제조로 오전을 시작해 오후 내내 실험에 매진하다 보면 마지막에 남는 설거지 양은 늘 개수대를 가득 채웠다. 그럴 때마다 이제 막 첫발을 내딛은 신입사원에게 회사는 가혹하게만 느껴졌고, 늘 나만 바쁘고 힘든 것 같아 회사에서 마주치는 누구에게나 적대심이 들 정도였다. 감당하기 힘들었던 나에게는 모든 게 부정적으로만 보였던 것 같다.

소심한 성격 탓에 몇 달을 끙끙대다 결국 울음과 함께 그동안의 설움이 터져버렸다. 회사를 그만두겠다는 말을 어렵게 꺼냈고, 모든 걸 놓아버리고 도망가고 싶은 심정이었다. 그런데 버럭 화부터 내실 거라는 예상과 달리 팀장님께서는 오히려 울먹이는 나를 다독여 주셨고, 긴급회의를 소집하셨다. 우리는 회사 일을 도모하고자 여기에 모였지만, 결국 일보다는 사람이 먼저임을 일러 주시면서 직계 가족보다 더 많은 시간을 함께 보내는 '오피스 패밀리Office Family'임을 강조하셨다. 아직 서툰 점이 많은 막내를 도와주라는 말과 함께.

그 일이 있은 후로 퇴근 시간이 늦어지는 건 마찬가지였지만, 실험이 끝날 때는 선배들이 함께해 주었다. 본인의 일과가 끝나면 실험실 뒷정리와 설거지를 도와주는 선배들도 늘어났

다. 그리고 따뜻한 말 한마디를 건네주는 선배들도 많았다.

"아직 처음이라 힘들겠지만, 힘들면 힘들다고 얘기해. 다들 각자 자기 일 하느라 바쁘지만, 우리는 네가 잘 적응해서 헤쳐 나가길 기다리고 있어. 그리고 잘 해내리라고 믿어. 막내 힘내!"

나는 언제부터인가 가슴이 따뜻해져 오는 것을 느끼기 시작했다. 업무가 고되어서 몸은 지쳤어도 옆에 자리한 선배들이 위로와 격려의 말을 건네주었기 때문이다. 불과 한 달 전만 해도 모든 걸 포기한 채 회사를 떠나려고 했던 내가 이제는 열심히 배우고 익혀서 칭찬받고 싶은 욕심이 생겼고, 마음속엔 자신감이 싹텄다. 그렇게 힘든 일을 극복하고 이겨낸 만큼 조금씩 성장하고 있음을 느낄 수 있었다.

내게는 정말 힘든 시간이었지만, 훈훈했던 그해의 고마운 선배들과 팀장님의 배려를 잊을 수가 없다. 그래서 지금까지 이 회사를 다니고 있는 열정의 밑거름이 되지 않았나 싶다.

6년의 시간이 흐른 지금 나에게는 후배가 생겼고, 그때 함께했던 선배들과 같은 사무실을 쓰고 있다. 가끔은 예상치 못한 일이 쌓여 지치고, 동료, 선후배와 갈등이 생길 때도 있다. 그럴 때면 버럭 화부터 나고, 이유 없이 사람이 미워지기도 한다. 하지만 내가 누군가에게서 위로와 격려를 받았던 것처럼, 이제는 상대방을 먼저 이해하려고 노력한다.

사람은 누구나 단점을 가지고 있는 반면에 장점도 가지고 있다. 또한 사람이라는 울타리가 여기저기서 삐져나와 서로를 찌를 때도 있겠지만, 결국은 사람과 함께 더불어 살아가야 하는 것이 진리임을 너무나 잘 알고 있다.

가끔씩 마음의 열정이 식어갈 때, 그리고 일과 사람으로 인해 스트레스가 쌓여갈 때마다 내 마음속에 고이 간직해 두고 있는 그때의 기억을 불러내곤 한다. 가슴이 훈훈했던 그때의 고마운 분들이 내게 해주었던 말씀을 기억하며 초심으로 돌아가 나를 다독인다.

김정은 :: 네이처텍 식품연구개발팀

우리 팀을 하나로 만든 체육대회

올해는 네이처텍에 입사한 지 4년째가 되는 해다. 회사에 입사하여 팀을 옮기지 않고 한곳에만 있었으니, QA팀의 일원으로 팀원들과 함께한 지도 벌써 4년째다. 해를 거듭할수록 안타까운 점은 팀원들의 결속력이 조금씩 약해져 간다는 점이다. 각자 맡고 있는 업무가 다르다 보니 직접 업무가 연관되지 않으면, 하루에 한 번도 대화를 나누지 못하고 지나가는 일이 다반사다.

올해는 우리 팀이 안전성센터 소속으로 독립되어 새로 오신 센터장님, 그리고 팀장님을 중심으로 팀의 화합과 결속을 다지는 해가 되었다. 우리 모두의 노력은 미니 체육대회를 통하여 잘 나타났다. 체육대회는 인해전술(?)에 강하고, 체육 특

기생(?)이 많은 생산기술팀이 항상 1등을 해왔었다.

'올해도 역시 생산기술팀에서 1등을 하겠지!', '생산기술팀은 인재가 많아!'라는 지레짐작으로 2등만 하자는 생각을 가지고 있었지만, 서로 웃고 즐기며 한 종목 한 종목 준비하면서 1등을 하고 싶다는 욕심이 생겼다. 줄넘기 종목은 손발을 맞추기 위해 점심시간마다 연습을 하였고, 본 시합에서는 선수로 나서는 팀원은 최선을 다해 참여하고, 나머지 팀원들은 선수들을 응원하며 우리 팀의 단결력을 유감없이 보여주었다.

결과는 생산기술팀과 종합 공동 1위!

우리 팀이 1위를 한 것도 기분 좋은 일이지만 무엇보다도 팀원들이 서로 화합하여 땀 흘리며 함께 즐겼다는 것, 그리고 다른 팀과 연습 시합을 하면서 교류를 가졌다는 것 등이 이번 미니 체육대회를 통해서 우리가 얻은 값진 성과일 것이다. 앞으로도 우리 팀원들이 화합하고, 서로 의지가 될 수 있는 QA팀이 되었으면 하는 바람을 가져본다. 나 또한 팀의 일원으로서 솔선수범하며 팀의 단합을 위해 노력할 것이다.

김태우 :: 네이처텍 QA팀

엄마가 아프다

2012년 6월 2일 토요일. 입사 후 평탄했던 저의 삶에 갑작스런 위기가 찾아왔습니다. 건강하셨던 어머니께서 암 판정을 받았습니다. 저도 충격을 받았지만 가장 걱정스러웠던 것은 어머니였습니다. 늘 강한 모습을 보이셨던 어머니가 눈물을 보이셨을 때, 참을 수 없는 슬픔이 몰려왔습니다. 가장 걱정스러웠던 점은 진천에 내려와 있어서 평일에는 서울에 계신 어머니를 위로해 드릴 수 없는 상황이었습니다.

이런 상황에서도 꿋꿋이 잘 버티고 있었는데, 미리 예정되어 있던 팀 워크숍에 참석해야 한다는 점이 저에게는 큰 고민거리로 다가왔습니다. 금요일에 서울로 올라가서 일요일에 진천으로 내려올 때까지 어머니 옆에 계속 붙어 있어도 시간이

부족했기 때문입니다. 그런데 워크숍에 참석하게 되면 어머니와 함께할 수 있는 시간이 줄어들게 되고, 워크숍에 참석하더라도 평소처럼 웃는 얼굴로 팀원들과 어울릴 수 있는 여력이 없었습니다. 그래서 고민 끝에 저의 사정을 팀장님께 알리고, 워크숍에 참석하지 않겠다고 말씀드렸습니다. 그러자 팀장님께서는 가능하면 워크숍에 참석하는 쪽으로 생각하라고 당부하셨고, 그렇게 말씀하시는 팀장님이 밉기도 했습니다. 하지만 회사 생활도 중요하고, 팀 단합을 위한 워크숍인데 빠지면 안 되겠다는 생각이 들어 팀 워크숍에 참석하기로 결정했습니다.

당연히 워크숍 내내 마냥 웃을 수만은 없는 상황이었고, 저녁에 참았던 눈물이 터졌습니다. 어머니가 암 판정을 받은

이후로 내가 울면 어머니가 더 슬퍼할 것이라는 생각에 한 번도 울지 않았던 눈물샘이 참고 참다가 터져버린 것이었습니다. 혼자 울고 있는 모습을 팀장님이 보시고는 나를 불러 다독이며 위로해 주셨고, 2시간이 넘도록 인생 상담을 해주셨습니다. 그때 가장 기억에 남았던 것은 "잘 될 거야!"라는 단순하지만 희망적인 말이었습니다. 그 당시에는 온갖 걱정 때문에 어머니의 수술이 잘 될 거라는 믿음보다는 '잘못되면 어쩌나' 하는 부정적인 마음이 더 컸던 것 같습니다. 팀장님이 하신 말씀을 듣고 나서부터는 긍정적이고 희망적인 마음가짐으로 바뀌었고, 그러한 희망이 어머니에게도 전달될 수 있었습니다.

그 일이 있고 나서 어머니가 수술을 받으시던 날, 하루 종일 일이 손에 잡히지 않았지만 내가 맡은 일을 책임지고 완수하겠다는 마음가짐으로 업무에 집중하고 있었습니다. 같은 팀 선배들이 어머니가 수술을 받는데 일을 하고 있느냐며 급한 일만 마무리하고 서울로 올라가라고 하셨습니다. 그리고 모두가 한마음으로 어머니의 수술을 응원해 주셨습니다. 나는 팀 선배들의 배려로 일찍 서울로 올라갈 수 있었고, 9시간에 걸쳐 수술을 받은 어머니를 만날 수 있었습니다.

수술은 성공적으로 끝나서 항암 치료를 받지 않아도 될 정도였습니다. 그로부터 4개월이 지난 지금, 어머니께서는 매일 약을 복용하시지만 건강을 많이 회복하셨습니다. 이번 경험을

통해서 팀 선배들의 따뜻한 동료애를 느꼈고, 어떤 상황에서든 '잘 될 것'이라는 마음을 가지면 실제로도 모든 일이 잘 된다는 긍정적인 마인드를 배웠습니다. 그리고 마음속으로 이런 생각을 해봅니다.

'이런 것이 바로 행복이 아닐까!'

박지인 :: 네이처텍 QA팀

야식으로 다져진 전우애

회사 생활, 조직 생활을 하면서 '가장 행복했던 때가 언제인가?' 라는 질문을 받는다면, 아마 대부분의 사람들이 '내 동료와 함께 힘을 합쳐 뭔가를 이루어냈을 때' 를 떠올리지 않을까 싶다. 네이처텍에 입사한 이래로 나는 줄곧 QA 업무를 혼자 도맡아 하였기에 누군가와 내 일을 나누어 할 기회가 많지 않았다. 게다가 매일 처리해야 할 일상 업무는 더욱 그랬었다.

그러던 2009년 연말 즈음, 네이처텍은 향후 호주 건강식품 시장에 진출하기 위한 준비 작업으로 TGA(Therapeutic Goods Administration, 호주 식약청)의 GMP(Good Manufacturing Practices, 우수 제조관리 기준) 심사를 받게 되었다. 해외 실사 경험이 전혀 없는 네이처텍에서 TGA 실사를 준비한다는 것은 참

으로 막막한 일이었지만, 제약 회사 QA 부서에서 근무하는 동안 TGA, US FDA 등의 실사를 경험했던 나로서는 더없이 반가운 일이었다. '아, 지금까지 힘들여 만든 네이처텍의 품질 보증 시스템이 이제야 제대로 검증을 받을 수 있겠구나!' 하는 기대감이 밀려왔다.

하지만 TGA 실사 준비는 나 혼자만 잘한다고 될 일이 아니었다. 말 그대로 네이처텍 전 직원이 하나가 되어 똘똘 뭉쳐야만 가능한 일이었고, QA가 그 중심에서 품질 시스템을 점검하고 보완해야 했다. 그 당시 팀장님을 비롯해서 우리 팀원들은 실사 계획부터 하나하나 세우고, 업무를 분장하면서 부족한 부분을 점검하기 시작했다. 우리는 이때부터 회사에서 함께 저

녁을 먹으면서 야근을 하고, 부족한 점을 어떻게 보완할 것인지에 대해 토론하고, 토론한 결과를 현실에 반영하는 일련의 작업 과정을 실사 전까지 무한 반복했다.

실사 준비를 하는 동안 온갖 우여곡절이 있었지만, 그중에서 내 기억 속에 오래된 사진처럼 선명하게 박혀 있는 한 장면을 결코 잊을 수 없다.

야근을 밥 먹듯이 하던 어느 날, 밤 10시가 지나자 여느 때처럼 팀원 중 하나가 읍내까지 가서 야식으로 먹을 떡볶이와 순대, 튀김 등을 한아름 사들고 왔다. 그러면 모든 팀원들이 기다렸다는 듯이 둥그렇게 둘러앉아서 이야기꽃을 피우며 서로의 정을 나누곤 했다. 정시에 퇴근했더라면 소파에 드러누워 편안히 연속극이나 스포츠 중계를 보며 휴식을 즐겼을 텐데, 회사를 위해 자기 시간을 희생한 팀원들. 게다가 다들 지치고 힘들었을 텐데도 동료가 힘들까 봐 아무런 내색도 하지 않았고, 야식을 먹으며 쉬는 시간만큼은 '하하 호호' 서로에게 웃음으로써 기운을 북돋아 주었던 시간들……. 야식 먹는 재미도 있었지만, 지치고 힘든 순간들을 참아낼 수 있었던 것은 그 시간에도 내 옆자리를 지켜 준 든든한 동료들이 있었기 때문이라 믿어 의심치 않는다.

기나긴 준비 기간을 거쳐 3일간의 실사를 무사히 마치고, 눈이 빠지게 기다리던 인증서를 받는 그 순간에 팀원들이 가장

먼저 생각났던 이유도 늦은 밤 함께 야식을 먹으며 다져진 일종의 전우애(?) 때문이 아닌가 싶다.

조직 생활을 하다 보면 상하관계에서 오는 스트레스, 팀 간의 이해관계에서 오는 스트레스에 누구나 한 번쯤 일을 놓고 자유롭게 떠나고 싶다는 생각을 해보았을 것이다. 나도 사람인지라 내 마음 한편에도 자유에 대한 갈망이 있다. 하지만 이런 순간의 흔들림이 있을 때마다 나를 제자리로 돌려놓는 것은 내가 세운 커다란 공이나 실적이 아닌, 내 동료와의 소소했던 기억들, 거기서 느낀 동료애와 전우애(미운 정 + 고운 정)가 아닌가 한다. 오늘도 내 옆자리 동료와 티격태격할 때도 있지만, 그보다는 웃고 깔깔대는 시간이 더 많다.

방지영 :: 네이처텍 QA팀

사랑과 정을 일깨운 해외 근무

2009년! 미국 현지 법인인 알로콥에 제조 공장을 설립한다는 계획에 따라 뜻하지 않게 해외 근무를 나가게 되었다. 전혀 예상하지 못했던 해외 근무라서 두려움도 있었고, 한편으로는 큰 기대감도 있었다. 막상 미국에 도착하여 삶의 터전을 마련하기 위해 아무것도 모르는 상황에서 이것저것 알아보느라 심적 부담과 함께 무척 힘이 들었다.

다행이 김수겸 상무님이 계셔서 많은 도움을 받았고, 예상보다 빨리 정착할 수 있었다. 무엇보다도 자기 일처럼, 친동생처럼 신경을 써 주신 김수겸 상무님과 사모님의 도움이 가장 컸던 것 같다. 전혀 다른 문화와 언어 문제를 극복한다는 것이 쉬운 일이 아닌데다, 특히 명절이나 생일, 그 밖에 이벤트가 있을

때는 더 힘들었는데, 그때마다 먼저 나에게 손을 내밀어 주셨고, 집으로 초대해서 본인이 만드신 음식과 정을 나눠 주셨다. 한국에서는 느끼지 못했던 주변 사람의 도움과 관심이 그토록 중요한 것인지도 해외 근무를 하며 깊이 느끼게 되었다.

그로부터 1년의 시간이 흘러 한국에 돌아왔는데, 그 시간 동안 떨어져 있었던 탓인지 네이처텍이 낯설게 느껴지기도 했다. 하지만 만나는 분들마다 안부를 물었고, '나'라는 사람을 항상 잊지 않고 염려해 주신다는 것을 가슴 깊이 느낄 수 있었다. 그에 대한 표현이 밥 한 끼 사주시며 안부를 묻는 것이 다였지만, 나에게는 고마움 그 이상의 큰 배려와 사랑이었다. 시간이 부족한 탓에 본의 아니게 식사 제의를 거절해야 할 정도였다.

당시 사장님이셨던 정찬수 사장님께서는 부부 동반으로 참석하셔서 후배를 챙겨 주시기까지 했다. 물론 어려운 자리였지만, 실상 그렇지도 않았던 것 같다. 그냥 '회사의 후배니까, 또 동생 같으니까 밥 한 번 사줘야지' 하는 마음이 더 크셨고, 그 마음이 나에게까지 전달되었다고 생각했기 때문이다.

또 하나는 미국 알로콥에서의 일이다. 알로콥에는 해마다 유니베라 방문객이 찾아온다. 보통은 외부 식당에 음식을 주문해서 점심식사를 제공한다. 하지만 그날은 일정이 총괄사장님 방문과 겹쳐 총괄사장님 사모님이 직접 점심식사를 준비해 주셨다.

이런 말씀을 드리면 죄송하지만, 사실 진수성찬은 아니었다. 흔히 말하는 사골 우려낸 국물에 파를 썰어 넣은 설렁탕과 파전이 전부였다. 하지만 음식에 담긴 정성과 마음은 그 어느 것과 비교할 수 없을 정도로 큰 것이라고 생각한다.

비록 짧은 기간이었지만 해외 근무를 하면서 많은 것을 느끼고 배웠으며, 행복이 무엇인지를 가슴으로 느꼈다. 그런 점에서 나는 행복한 사람이다. 그동안 알지 못했던 사람의 정, 배려와 사랑이 사회생활에서 얼마나 중요한지를 배웠기 때문이다. 나 역시 내가 느끼고 배웠던 것을 후배들이나 주변 사람들에게 나눔으로써 진정으로 행복한 일터가 되도록 노력하고 실천하는 사람이 되기로 다짐해 본다.

이재현 :: 네이처텍 QA팀

요셉과 은혜의 아빠 회사 체험기

"요셉아, 은혜야~ 어서 일어나야지! 아빠랑 회사 가기로 했잖아!"

올해 중학교 2학년인 아들 요셉과 초등학교 6학년인 딸 은혜는 졸린 눈을 부비며 아빠를 따라나섰다. 새벽 6시, 방학을 맞아 단잠에 빠져 있어야 할 이른 새벽 시간에 아이들을 깨워서 함께 집을 나선 이유는 네이처텍에서 마련한 임직원 자녀 초청 행사를 통해 아빠가 다니는 회사를 체험시켜 주기 위함이었다.

사실 이제는 아빠를 잘 따르지 않을 나이가 되어 가고 있는데, 아이들이 선뜻 따라나선 것은 아빠 회사를 구경하면서 화장품을 만들고, 도자기 체험도 할 수 있다는 말에 솔깃

했기 때문이다. 우리 아이들은 손으로 만드는 것을 유난히 좋아한다.

'아빠인 나를 닮아서 그런가?'

아이들을 데리고 회사에 도착한 시간은 8시 20분. 1층 강당 입구에서 경영지원팀 직원들이 미소 가득한 얼굴로 샌드위치와 우유를 나누어 주며 아이들을 맞이하고 있었다. 강당에 들어서자 취학 전 서너 살짜리 어린 아이부터 중학생까지 섞인 25명의 아이들이 저마다 엄마 아빠 옆에 앉아 있었다. 엄마 아빠가 다니는 회사에 처음으로 와 봐서 그런지 어린 아이들은 조금 들떠 있었지만, 중학생들은 제법 의젓하게 자리에 앉아 있었다. 잠시 후 아이들의 자기소개 시간이 끝나고 기념사진을 촬영했다. 회사 로비에 진열된 제품을 배경으로 아이들과 함께 즉석카메라로 사진을 찍으면서 속으로 이런 생각을 했다.

'이 녀석들이 벌써 이렇게 크다니. 이제는 키가 아빠 어깨를 넘어섰네!'

사진 촬영이 끝나고 나서 엄마 아빠들은 근무하러 들어가고, 아이들은 오전 일정에 따라 손으로 만드는 클레이 공예 체험 시간을 가졌다. 경영지원팀장의 부탁으로 내가 속한 화장품연구개발팀에서 만든 1시간짜리 화장품 만들기 체험 실습이었다. 개발 업무 때문에 바쁜 팀원들의 양해를 얻어 아이

들이 화장품 만들기 체험을 할 수 있도록 미리 준비해 둔 것이었다.

사실 경영지원팀장으로부터 부탁을 받았을 때는 부담스러웠지만, 이왕 맡은 것이니 즐거운 마음으로 해보자고 생각했었다. 그리고 이 기회에 우리 아이들을 초청하여 아빠가 회사에서 어떤 일을 하고 있는지도 보여주고 싶었다. 이제 화장품 회사에서 일한 지가 벌써 18년째가 되었다. 아이들에게는 화장품 회사 연구원이라고 말해 주었지만 구체적으로 아빠가 회사에서 무엇을 만들고, 어떻게 일하는지는 아이들이 알 턱이 없었다. 그래서 이번 초청 행사가 좋은 기회다 싶었다.

아이들이 화장품 만들기 체험을 할 수 있도록 3개 조로 나누었다. 짧은 시간에 체험할 수 있도록 미리 계량해 놓은 원료를 고학년 중학생 3명이 섞고, 유화하고, 냉각하는 모습을 저학년 동생들이 호기심 어린 얼굴로 바라보는 모습이 너무나 귀여웠다. 나중에 이 아이들 중에 화장품 연구원이 나올지 누가 알겠는가! 이때 초등학교 3학년인 재윤이가 자기도 해보겠다며 떼를 쓴다.

"나도 하고 싶어! 나도 만들고 싶단 말이야! 나중에 충전하는 것만 체험하면 화장품을 직접 만드는 게 아니잖아!"

어느새 눈에 눈물이 가득하다. 결국 눈물이 터진 재윤이는 경영지원팀 큰누나 품에 안겼다. 정말 노벨상도 탈 만한 열정

이다. 얘는 나중에 뭐가 되도 되겠다는 생각이 들었다. 아이들에게 질문을 하면 손들고 대답하는 것도 1등이다.

냉각을 끝내고 나서 빈 샘플 용기에 내용물을 충전했다. 그런 다음 제각각 자기 이름과 비매품이라고 적힌 라벨을 붙이는 것으로 화장품 만들기 완성! 짧은 시간의 간접 체험이었지만, 자기가 만든 화장품을 손에 든 아이들의 입가에는 미소가 가득하다.

회사에서 정성스럽게 마련한 점심식사를 구내식당에서 엄마 아빠와 함께 맛있게 먹으며 이야기를 나누는 모습이 즐겁기만 하다. 오후에는 회사를 견학하는 시간을 가졌다. 엄마 아빠는 다시 근무하러 들어갔고, 경영지원팀 직원들이 아이들의 손을 잡고 회사를 견학시켜 주었다. 코흘리개 아이들을 인솔하는 일이 쉽지 않았을 텐데, 경영지원팀 여직원들이 고생 좀 했을 것이다.

아이들은 회사를 견학하고 나서 근처에 있는 도자기 마을로 이동해 도자기 만드는 체험을 하고 다시 회사로 돌아왔다. 엄마 아빠들은 바쁜 오후 근무 시간을 마치고 퇴근 시간에 맞춰 아이들을 맞이하러 갔다. 다른 아이들은 벌써 다 갔는데, 왜 아빠만 늦게 나오느냐고 딸아이가 투정이다. 집으로 돌아가는 길에 뒷좌석에 앉아 있는 아이들에게 오늘 행사에 참가한 소감을 물어보았다. 두 아이가 동시에 내년에도 오고 싶다고 대답

했다. 아빠 회사도 구경하고, 화장품도 만들어 보고, 도자기 체험도 해서 재미있었다고 한다.

'글쎄 내년에도 올 수 있을까?'

어린 아이일 때는 엄마 아빠를 잘 따르지만, 조금씩 성장해 가면서 또래 아이들과 노는 것을 더 좋아하는 게 요즘 아이들의 생각이다. 아무튼 오늘 하루만큼은 아빠로서 대단히 만족스럽다. 아빠가 하는 일에 대해 아이들이 조금이라도 알 수 있게 되었으니까 말이다.

'아빠는 너희들을 위해서 회사에 나가 열심히 일하고, 돈도 벌잖니!'

이번 임직원 자녀 초청 행사는 가족의 날을 맞아 회사에서 기획한 첫 번째 행사였다. 임직원들의 호응이 좋다면 내년에도 하겠다고 한다. 직장 생활을 해오는 동안 이런 행사는 처음이었다. 게다가 나름대로 의미가 있고, 무엇보다 아이들이 재미있었던 것 같아서 기분이 좋다.

직원도 고객이다. 내부 고객이 즐겁게 일할 수 있다면, 회사는 즐거운 장소가 되고, 내부 고객의 만족도는 외부의 진짜 고객들에게도 전달된다는 것이 오늘날 성공하는 기업 경영의 화두가 아닌가!

끝으로 이번 행사를 준비한 경영지원팀 직원들에게 감사와 격려의 인사를 보내고 싶다. 코흘리개 개구쟁이들을 포함해

25명의 아이들을 데리고 다니느라 결혼도 하지 않은 처녀 총각 3명이 하루 종일 얼마나 힘들었을까! 그들 덕분에 우리 아이들에게 잊지 못할 추억을 만들어 주었으니, 다시 한 번 고마움을 전하고 싶다.

김종환 :: 네이처텍 화장품연구개발팀

소중한 친구들

나에게는 네이처텍에서 만난 소중한 친구 두 사람이 있다. 그들은 바로 식품연구개발팀 김혜정 대리와 김정은 대리다. 두 사람은 내게 소중한 친구이면서 선의의 경쟁자로서 서로를 발전시켜 나갈 수 있는 동료들이다. 사회생활을 하면서 만나는 친구는 쉽게 친해질 수 없다고 하지만, 우리는 첫 만남에서 의기투합하여 일명 '82년생 개떼들'이라는 모임을 만들었고, 기쁘거나 슬플 때나 힘들고 행복할 때도 항상 옆을 지키며 든든한 힘이 되어 주었다.

2008년 9월, 네이처텍에 입사하면서 새 직장에 대한 기대와 두려움으로 충북 진천에서의 새로운 생활이 시작되었다. 정식 출근 전, 신입사원 교육을 받기 위해 하나둘 회사로 모였고,

신입사원 7명 중에서 여직원은 단 둘뿐이었다. 그 자리에서 동갑내기 김혜정 대리를 처음 만났다. 교육을 무사히 마치고 QA팀으로 처음 출근한 날 나와 동갑내기인 여직원을 소개받았는데, 그녀가 바로 김정은 대리였다.

이렇게 세 사람이 처음 만나 이런저런 얘기를 하게 되었는데, 성격도 잘 맞는데다 대화가 정말 잘 통했다. 우리는 처음 만난 자리에서 모임을 만들기로 결정했고, 일명 '82년생 개떼들'의 모임은 그렇게 시작되었다. 나는 모임에 참석하면서 회사 선배인 김정은 대리의 도움을 받아 회사 생활에 쉽게 적응할 수 있었다. 또한 김혜정 대리와는 같은 팀, 같은 기숙사에서 희로애락을 함께하면서 더 친밀하게 다가갈 수 있었다.

우리는 회사 안에서뿐만 아니라 밖에서도 모임을 자주 가졌다. 모임을 만든 기념으로 아산 외암리 마을로 드라이브를 다녀왔고, 생일을 맞은 사람이 있으면 자그마한 선물과 함께 파티를 열어 축하해 주었다. 스물여덟 살 크리스마스에는 솔로인 서로를 위해 함께 공연을 보며 크리스마스를 외롭지 않게 보냈고, 스물아홉 살이 되던 해에는 20대의 마지막 휴가를 함께 보내기 위해 필리핀 세부 섬으로 해외여행을 가서 20대의 추억을 만들고 돌아오기도 했다.

지금은 나와 김정은 대리에게 가정이 생기면서 모임을 자주 갖지 못하지만, 김혜정 대리가 좋은 남자를 만나 가정을 만

들면 부부 동반으로 모임도 갖고, 시간이 지나 서로 다른 곳에 있더라도 이 모임을 오래오래 지속했으면 좋겠고, 나이가 들어서도 변치 않았으면 좋겠다.

어느덧 네이처텍에서 5년이라는 시간이 흘렀다. 그동안 즐거운 일도 많았지만, 힘들고 어려운 일을 겪을 때마다 내 옆에서 힘이 되어 준 소중한 친구들을 만난 것은 에코넷에서 경험한 가장 큰 행복이 아닌가 싶다.

친구들아. 항상 내 곁에 있어줘서 고맙고, 사랑해!

박인정 :: 네이처텍 화장품연구개발팀

처음 출근하던 날

에코네시안으로서의 첫걸음을 시작했던 그날의 느낌에 대해 이야기하고 싶다.

직장인에게 이직은 매우 큰 이슈인 동시에 선택의 기로에서 엄청난 심리적 갈등을 불러일으키는 원인이 되기도 한다. 어떤 면에서는 이직이 새로운 도약이 될 수도 있지만, 그와 반대로 위기가 될 수도 있기 때문이다. 15년 이상 생활했던 필드를 벗어나 새로운 영역에 대한 도전이었기에 7년 전 '(주)남양'으로의 이직은 남모르는 고민과 갈등 끝에 내린 결과였다.

첫 출근 날의 설렘과 두려움, 호기심 등 모든 감정이 어우러진 가운데 엉겁결에 참석한 첫 회의의 느낌은 아직도 기억에 생생하다. 지금의 '경영회의'와 비슷한 회의였는데, 사장님 이

하 본부장, 그리고 각 팀장들이 한 달간의 실적을 보고한 후 의견을 나누는 자리였다.

새로 입사하여 처음 참석한 내 소개가 끝나자마자 곧바로 회의가 시작되었다. 그런데 회의 시작을 알리는 경영지원팀장의 말이 끝나자마자 어느 팀장의 핸드폰이 요란하게 울렸고, 그 순간 회의장 분위기가 싸늘하게 바뀌었다. 그도 그럴 것이 그런 회의에, 더구나 사장님께서 참석하시는 회의에서 핸드폰이 울리는 결례는 보통 회사에서는 상상도 할 수 없는 일이었기 때문이다. 이 상황이 어떻게 전개될 것인지 조마조마한 그 순간, 당황하면서 핸드폰을 뒤적거리는 그 팀장을 향해 사장님께서 이렇게 말씀하셨다.

"얼른 받아 이 사람아! 마누라 같은데?"

사장님의 말씀이 끝나자마자 모든 참석자들이 동시에 웃음을 터뜨렸고, 회의장 분위기가 일순간 밝아졌다. 이런 상황은 나에게 충격적인 모습으로 다가왔고, 이 하나의 사실로 처음 출근한 회사의 분위기를 파악하기에는 충분했다. 회의는 일사천리로 진행되었고, 시간이 어떻게 지나갔는지 모를 정도로 몰입한 상태에서 종료되었다. 이어 퇴장하는 순간, 한 임원이 내게 다가와 어깨에 손을 얹으면서 미소 띤 표정으로 "박 팀장, 기대가 큽니다."라고 말씀하는 게 아닌가! 그 순간 밀려왔던 알 수 없는 감정은 지금 생각해도 가슴이 두근거릴 정도로 내 기

억 속에 선명하게 남아 있다.

배치된 자리에 앉으면서 여직원으로부터 노트북과 출입카드를 받았는데, 팀장은 굳이 출입카드를 찍지 않아도 된다는 이야기를 해주었다. 그 이유를 물었더니, 업무에 따라 잦은 외출이 예상되므로 번거롭게 하지 않으려는 조치라고 대답해 주었다. 나를 믿어 준다는 것, 그리고 신뢰받고 있다는 것을 온몸으로 느끼며 퇴근하던 그날의 내 마음속에는 이 회사에 입사하기로 선택한 내 결정이 새로운 도약이 될 수 있다는 강한 확신과 함께 최선을 다해야겠다는 막중한 책임감까지 자리 잡게 되었다.

에코네시안이 된 지 어언 7년째가 된 지금, 업무가 힘들거나 일이 잘 풀리지 않을 때마다 그날의 기억을 떠올리며 초심으로 돌아가곤 한다. 어떤 리더십을 발휘하느냐에 따라 상황은 얼마든지 변화할 수 있다는 굳은 마음, 그리고 그러한 리더가 되기 위해 부족한 나 자신에게 오늘도 채찍질을 가한다.

박용하 :: 네이처텍 생산본부

더불어 사는 삶의 지혜

유니젠에 입사한 지도 벌써 8개월이 지났다. 마음먹기에 따라 긴 시간일 수도, 짧은 시간일 수도 있다. 지난 8개월 남짓한 시간을 돌이켜 보면, 이곳 유니젠에서 겪었던 수많은 일들, 이런저런 에피소드와 추억들이 주마등처럼 스쳐 지나간다. 일부러 기억을 더듬기 위해 회사 다이어리와 개인 수첩을 뒤적거려 보았다. 짧은 시간 동안 정말 많은 일들이 기록되어 있었다. 지난 시간을 반추해 보면서 하나하나의 추억에 대한 느낌을 떠올려 보았다. 어떤 추억은 좋은 느낌(보람, 행복, 기쁨, 성취감, 공생과 조화 등)으로 다가오고, 또 어떤 추억은 부정적인 느낌(좌절, 서운함, 이기심, 부조화 등)으로 다가온다. 그래도 좋은 느낌의 추억이 많아서 정말 다행이다!

1월 2일, 첫 출근과 동시에 2012년 시무식 겸 1월 월례조회에 참석하여 유니젠 가족들에게 첫 신고식을 했던 기억이 아직도 생생하다. 언제나 그렇듯이 새로운 출발과 새로운 사람들과의 만남은 설렘과 동시에 상당한 긴장을 유발한다. 그날은 무척이나 추웠던 것으로 기억되는데, 매서운 한파와 함께 을씨년스러운 회사 주변의 전경으로 인해 긴장감은 더욱 컸었던 것 같다. 이런 나를 유니젠 가족들은 애정 어린 시선과 따스한 손길로 정겹게 반겨 주었다. 이렇게 해서 유니젠에서의 생활이 시작되었고, 유니젠 가족들의 애정 어린 관심과 격려에 힘입어 비교적 빠른 시일 안에 성공적으로 자리 잡을 수 있었던 것 같다.

유니젠에 입사하여 주도적으로 진행했던 일과 이벤트 중에서 가장 기억에 남는 것을 세 가지만 꼽으라면, 4월 5일에 에코넷 가족사와 합동으로 진행했던 창립기념일 행사, 4월 9일과 10일에 1박 2일 일정으로 진행했던 팀장 리더십 워크숍, 5월 중순부터 행복한 일터 만들기(GWP)의 일환으로 야심차게 진행했던 회사 텃밭 가꾸기를 꼽을 수 있겠다.

에코넷 창립 기념일 행사에서 유니젠 가족들은 가족사 직원들이 다소 의외라고 생각할 정도로 매우 적극적이고 단합된 모습을 보여주었고, 그 결과 3사 체육대회에서 종합 1위를 차지하는 쾌거를 이루었다. 물론 행사를 준비하는 과정에서도 슬로건 공모에서부터 우리 유니젠 가족들은 적극적인 관심과 열

정을 보여주었고, 우리가 제안한 슬로건(통통통)이 행사의 공식 슬로건을 만드는 데 토대가 되었다는 점에 큰 자부심과 성취감을 느끼기도 했다.

'탁월한 리더의 성과 코칭 리더십'을 주제로 진행했던 팀장 리더십 워크숍 또한 여러 팀장들과 임원들의 적극적인 관심과 참여 속에 성공적으로 끝마칠 수 있었다. 나는 이런 모습을 보면서 유니젠의 밝은 미래를 엿볼 수 있었다. 물론 강사의 뛰어난 역량이 성공적인 워크숍 진행에 일정 부분 기여하긴 했지만 말이다.

그 외에도 행복한 일터 만들기, 자연친화적이고 가족적인 회사 분위기 조성을 위하여 (일부 직원들의 반대가 있기는 했지만) 5월 중순부터 회사 텃밭 가꾸기 사업을 야심차게 시작했다. 초기 파종은 전 직원이 다 같이 시작했으나, 파종 후 처음 2~3주간의 말뚝 세우기, 풀 뽑기, 물주기 작업은 자발적인 일부 직원들의 몫으로 돌아갔고, 안타깝게도 이런 모습은 본격적으로 수확을 할 때까지 지속되었다. 회사 텃밭 가꾸기 사업을 진행하면서 성장해 온 환경과 경험, 관심 분야가 제각각인 직원들을 한마음으로 결집하여 이끌어 가는 게 쉬운 일이 아니라는 것을 절실히 느낄 수 있었다. 그러면서도 일부 직원들이 보인 무관심과 이기적인 행태에 서운한 감정을 감출 수가 없었다. 비록 진행하면서 많은 시행착오를 겪긴 했지만, 그래도 올해

처음 시도한 사업치고는 꽤 성공적이었다고 평가하고 싶다.

정확히 언제부터 시작했는지 기억나지는 않지만, 개인적으로 거의 매일 아침 '아침 마당' 메일을 배달하고 있다. 처음에는 경제 경영 관련 최신 트렌드와 지식을 직원들과 공유하고, 직원들에게 변화와 혁신의 마인드를 심어 주고 싶은 의도를 가지고 시작했다. 그러는 와중에 대형 고객사의 이탈로 회사가 위기에 봉착하게 되었고, 이러한 상황에서 직원들에게 뭔가 긍정의 메시지와 위기 극복을 위한 마인드 변화에 초점을 맞춰 '아침 마당' 메일을 '줄기차게' 배달하여 변화를 주문하였으나, 직원들의 반응과 피드백은 냉담과 무관심으로 돌아왔다. 솔직히 직원들의 이런 모습을 보면서 '왜 직원들이 내 진심을 몰라줄까?' 하는 서운함과 함께 '내가 지금 뭘 하고 있나?' 하는 무력감이 들기도 했다.

처음에는 직원들을 원망하고 탓하기만 하다가 혜민 스님의 저서 『멈추면, 비로소 보이는 것들』에서 인간관계의 고충과 해결 방법에 관한 내용을 여러 차례 반복해서 읽게 되었고, 마음 수양과 자기 성찰을 거듭하면서 문제의 원인이 그들에게만 있는 것이 아니라 나에게도 있다는 것을 깨닫게 되었다. 사람마다 모두 각자의 생각이 있는데, 그들의 사견을 내 생각과 똑같이 맞추기 위해 무리하지는 않았는지, 그리고 그들을 내가 원하는 대로 바꾸려고만 하지 않았나 하는 생각을 갖게 된 것

이다. 다를 수 있다는 것을 인정하고, 그들이 나에 대해 왜 그렇게 생각하는지, 나의 어떤 점들 때문에 오해를 하고 힘들어하는지에 대해 시간을 두고 천천히 다가가서 진정성 있는 소통과 대화를 통해 풀었어야 했는데, 그렇게 하지 못했던 것이다.

불현듯 혜민 스님의 주옥같은 말씀이 뇌리를 스치고 지나간다.

"사람들과의 관계 속에서 지금 힘든 순간을 겪고 있다고 생각되면 이 말을 기억하십시오."

고개를 숙이면 부딪치는 법이 없다. 사실 살아가면서 나를 어렵게 하는 사람들과의 관계에서 대부분의 경우는 내가 조금만 낮추면 어렵지 않게 문제가 해결된다. 나를 조금만 낮추면 금방 해결되는 일에도 기를 쓰고 다투고, 서로 비방하기 때문에 긴 시간 동안 마음 아파하고, 소중한 시간과 에너지를 낭비하는 것이다. 이것이야말로 더불어 사는 삶의 지혜이자 인간관계에서 가장 중요한 황금률이 아닌가 하고 생각해 본다.

이제부터는 나를 조금만 더 낮추고, 진정성을 가지고 유니젠 가족들과 더 자주 대화하고 소통하는 시간을 가져야겠다고 다시 한 번 다짐해 본다.

고용협 :: 유니젠 경영지원팀

유니젠 기숙사의 풍경

유니젠에는 기숙사가 있다. 회사가 지방에 자리 잡은 지리적 여건 때문에 만들어진 공간이지만, 에코넷에서는 유일한 문화가 생겨날 수밖에 없는 독립적인 공간이기도 하다. 또한 퇴근 후에는 기숙사 이곳저곳에서 방문을 두드리는 소리와 왁자지껄한 웃음소리가 끊이지 않는 유쾌한 공간이 된다.

기숙사와 사무실이 너무 가까이 있다 보니 쉬는 건지 일하는 건지 구분이 안 될 때가 있어 가끔은 지치기도 했지만, 내 옆에는 항상 힘을 불어넣어 주고 보듬어 줄 수 있는 동료들이 있었기에 모든 일을 열정과 패기로 헤쳐 나갈 수 있었다.

기숙사 생활을 하다 보면 그 사람의 여러 가지 모습들과 마주친다. 말쑥한 모습을 보이다가도 가끔은 아침 일찍 몽유병

환자처럼 서로를 스쳐 지나가기도 하고, 처음에는 맨 얼굴에 서로 민망해 하기도 하지만 시간이 지나면 머리에 수건을 둘둘 말고도 모델처럼 당당하게 지나간다.

가끔은 '이 사람들과 가족보다 더 많은 시간을 함께 보내고 있구나!'라는 생각이 들곤 한다. 그래서일까? 나와 같은 방을 쓰는 짝은 이제 내 친동생처럼 여겨진다. 그래서 가족처럼 싸웠다가 화해하기를 반복하며 산다. (휴~)

지금은 곁에 없지만, 그때는 네 명이서 똘똘 뭉쳐 함께 다녔다. 힘든 일이 있으면 어깨를 두드려 주고, 기쁜 일이 있으면 수다를 떨며 온 밤을 지새울 수 있는 그런 친구였다. 비록 나이는 모두 다르지만 유니젠에서 함께 근무한다는 공통점 하나로 우리는 '절친'이 되었다.

사회생활을 하다 보면 항상 좋은 일만 있는 것이 아니기에 최악의 상황에서 끝 모를 밑바닥까지 내려갈 때도 많다. 그럴 때마다 다시 올라올 수 있었던 것은 나와 함께 해 준 세 친구가 있었기 때문이다.

하루 일과를 마치고 계단을 터벅터벅 내려가면 사막의 오아시스가 펼쳐진다. 문을 열고 들어가서 침대에 몸을 던질 때의 그 행복감은 말로 표현할 수 없을 정도다. 때로는 침대에 누워서 친구들이 대화하는 소리를 듣고, 가끔은 맥주 한 잔에 하루의 피곤함을 날려 보내며, 내가 좋아하는 사람들과 함께 보

내는 시간은 나를 충전시키는 소중한 나날이었다. 우리뿐만 아니라 다른 사람들도 자신들만의 문화를 만들고, 함께 웃고 기뻐하며 힘든 일을 이겨내는 이 모든 것이 유니젠 기숙사에서 일어나는 일들이었다.

거의 10년이 다 되어 가는 호랑이 담배 피던 시절 같은 이야기이지만, 지금 생각해 보면 그 시절이 정말로 행복하고 신나는 일상이었다는 생각이 든다. 어른들에게서 흔히 들을 수 있는 "그때가 좋았었지!"라는 말이 어떤 느낌인지 이제는 알 수 있을 것 같다. 지금은 나이가 들었다는 핑계로 여럿이 모이기보다는 퇴근 후 내 방에서 뒹굴며 방짝을 괴롭히는 게 행복한 일상이 되었지만…….

가끔씩 다른 방에서 왁자지껄 웃는 소리가 들리면 살며시 입가에 미소를 짓게 된다. 물론 너무 시끄러우면 '쳐들어 가볼까!' 하는 생각도 들지만, 저들도 나와 같은 시간을 쌓아 가고 있다는 생각이 들면 괜스레 마음이 설렌다.

앞으로 10년이 지나면 내 후배들도 지금을 기억하며 '아, 그때가 정말 행복한 시간이었구나!'라고 느끼지 않을까 싶다. 이 행복을 지킬 수 있도록 오늘도 힘차게 기숙사에서 사무실로 출근한다.

김미란 :: 유니젠 천연물연구팀

‘행운’을 넘어 ‘행복’으로 다가오다

저는 유니젠에 입사한 지 8개월밖에 안 되는 SCM팀 직원입니다. 유니젠은 순대로 유명한 병천에서 6킬로미터 남짓 떨어져 있으며, 제가 어릴 적 살던 시골 동네와 비슷한 풍경을 배경으로 나지막한 산 아래에 자리 잡고 있는 회사입니다.

처음에는 시원스러운 시골 풍경이 친근하게 다가왔지만, 한편으로는 현재 살고 있고, 십여 년간 직장 생활을 했던 서울과는 너무 달라서 망설였던 것도 사실입니다. 고속도로의 교통체증을 뚫고 두 시간여를 달려와서 시원스레 뚫린 지방도로를 접어들면서부터 인터넷으로 검색하면서 상상했던 모습이 제 눈앞에 펼쳐지는 것을 느낄 수 있었습니다. 그러고 보니 이곳에 처음 내려오던 날이 떠오릅니다.

내비게이션에 잘못 받은 주소를 입력하고 처음 도착한 곳은 병천 시내 인근의 버려진 텅 빈 건물(?)이었습니다. 일순간 '이상하네! 여기가 어디지?' 라는 불안과 함께 당혹스러움이 밀려왔습니다. 정신을 차리고 다시 회사에 전화를 걸어 현재 위치와 주소를 확인하니 번지수에 빠진 숫자가 있었고, 다시 확인하여 면접에 약간 늦게 도착할 수 있었습니다. 회사로 들어오는 진입로는 회사에서 직접 건설한 것으로 보이는 다리가 놓여 있었고, 1킬로미터쯤 되는 진입로와 도로 양쪽으로 잘 가꾸어진 정원수와 잔디는 나에게 안도감과 설렘을 안겨 주었습니다. 다소 긴 입사 전형을 치르느라 조금 지쳐 있기는 했지만, 면접장과 면접관들의 분위기는 여유로움과 절제를 느낄 수 있었습니다. 다행스럽게도 면접 전형을 무사히 통과하여 마침내 에코넷의 일원이 될 수 있었습니다.

아직은 짜릿한 겨울 추위와 하얀 눈이 새벽길을 덮어 주던 날, 저는 서울에서 새벽녘의 고속도로를 조심스럽게 달리며 출근했습니다. 빗자루를 들고 진입로를 쓸어내는 경비 아저씨들의 모습은 마치 자기 집 앞마당을 쓸고 계시는 것처럼 자상한 모습으로 다가왔습니다.

기숙사에서 지내기로 하였기에 이른 시간에 짐을 챙겨 출발하였고, 경력 사원이라고는 하지만 새로운 직장으로 처음 출근하는 날이라 긴장한 탓에 조금 피곤한 상태로 회사에 들어갔

습니다. 직원들과의 첫 대면을 위해 아침도 거른 채 곧장 사무실로 향했습니다. 인터뷰를 할 때 면접관으로 나오셨던 분도 계시고, 같은 팀에서 일하게 될 직원들과 상시 밀접하게 일하게 될 관련 부서 팀원들이 한 사무실에서 일하고 있었습니다.

아직은 '내 공간'이라는 느낌이 없었기에 다소 어색하고 어려운 첫 만남이었지만, 모든 분들이 따뜻한 미소와 함께 적극적으로 맞이해 주는 모습에서 '참으로 고맙고, 다행스럽다'는 생각이 들었습니다.

그렇게 시작된 유니젠에서의 생활은 겨울이 뒷걸음질하면서 회사 앞에 흐드러지게 피는 꽃들만큼이나 화사한 느낌으로 다가오기 시작했습니다. 미처 보지 못했던 회사의 멋진 건물과 시설들도 눈에 들어왔습니다. 회사 앞을 휘둘러 흐르고 있는 냇물을 바라볼 수 있는 테라스, 저녁 시간에 이용할 수 있는 작지만 있을 것은 다 있는 헬스장, 이곳저곳에서 채집했을 약초들과 여러 종류의 허브로 이루어진 약초원과 수목원, 회사 앞을 가득 채우는 싱그러운 색깔의 잔디와 꽃들이 신기한 느낌으로 다가왔습니다. 가끔 뒷산에서 내려온 고라니 가족이 회사 진입로까지 내려와 얼굴을 내밀기도 합니다.

이러한 공간적인 여유로움과 함께 이곳에서 근무하고 생활하는 사람들의 여유로운 모습들은 그동안 곁에 두고도 보지 못하던 행복함이라는 것을 깨달을 수 있었습니다. 그 외에도

적당한 여유 공간을 두고 배치되어 있는 도서관에 모여 서로의 일에 대해 논의하고 공유하는 모습들이 아름답게 다가왔고, 한 달을 주기로 열리는 다양한 문화 행사는 업무에 지친 사람들에게 변화와 새로움을 안겨 주었습니다.

기업 경영의 관점에서 보면 직원들에게 억압과 규율로 업무를 지시하는 방식이 아닌 서번트 리더십에 바탕을 둔 자율과 책임의 조직 운영 방식은 에코넷의 가장 큰 장점이라고 생각합니다. 대부분의 회사 조직은 수직 계열화 되어 있어서 실무 직원들의 의견이나 자율적인 의사결정이 무시되곤 합니다. 하지만 유니젠에서는 상하의 구별 없이 자유롭게 의견을 교환하면서 더 나은 방향으로 이끌어 가기 위해 팀원들 간에, 팀들 간에 자주 회의하는 모습을 볼 수 있었습니다. 물론 그렇지 않은 부분들도 있고, 나쁘게 볼 수 있는 부분들도 찾을 수 있겠지만 단점보다는 장점이 더 많은 운영 방식임에는 틀림없는 것 같습니다. 사내 행사가 있을 때면 임원들이 직접 앞에 나가서 인형 탈을 쓰고 춤을 추거나 줄다리기를 응원하는 모습은 여느 회사에서는 쉽게 볼 수 없는 장면으로 다가왔습니다.

유니젠은 연구소와 생산 시설, 수출입 업무가 함께 공존하는 회사이고, 연구한 내용을 상품화해야 하기 때문에 많은 시행착오를 겪기도 합니다. 그런 상황에서도 점심, 저녁 시간과 자투리 시간을 쪼개어 주변 동료들에게 관심을 기울이고, 대화

를 나누고, 웃음을 나누는 모습에서 유니젠 문화의 따뜻함을 느낄 수 있었습니다.

회의가 있을 때면 학생이 수업 시간에 필기를 하듯이 발표자의 발언을 수첩에 정갈하게 정리하는 연구원들의 모습에서 열정을 느꼈습니다. 사내 행사가 있을 때면 최고 연장자가 솔선하여 무대에 올랐을 때, 모두가 뛰쳐나가 환호하여 주는 모습에서 따뜻한 동료애를 느꼈습니다.

이런 환경에서 일하게 된 저에게 유니젠은 '행운'을 넘어 '행복'이라는 단어를 떠올리게 합니다.

김선철 :: 유니젠 SCM팀

아낌없이 주는 나무

'유니젠'에 입사하여 어느덧 십 년의 시간이 흘렀다. 하루하루를 너무 정신없이 보내고 있다는 생각이 앞서는 것은 나만의 일은 아니지 싶다.

세 차례의 면접 전형을 통해 입사가 확정되었을 때는 정말이지 온 세상을 다 가진 것 같은 기분이었다. 또한 그 당시에는 사회에 첫발을 내딛는 직장인으로서 주변 사람들에게 당당한 모습을 보여줄 수 있다는 기대감에 한껏 들떠 있었던 것 같다. 이때의 '기대감'이 행복의 또 다른 모습이 아니었을까 하는 생각이 든다.

그렇게 부푼 기대감과 설렘 속에서 하루하루를 보내며 일 년이 지났을 때 두 번째 행복이 찾아왔다. 그것은 바로 아내와

의 결혼이다. 만약 유니젠에서 적응하지 못해 힘든 생활을 보내고 있었다면, 결혼은 생각조차 못했을 것이다. 하지만 주변 분들의 따뜻한 배려 속에서 안정적인 생활을 할 수 있었고, 그 결과 결혼에 성공할 수 있었다는 생각이 든다.

그 후로도 또 한 번의 행복한 순간이 나를 기다리고 있었다. 첫째 아이가 태어난 것이다. 첫째 아이를 처음 본 순간 많은 생각이 오갔지만, 그중 한 가지는 앞으로 내가 어떻게 해야 우리 가족이 행복하게 살아갈 수 있을지에 대한 생각이었다. 과연 현재 직장에서 내가 잘 해나갈 수 있을지, 가족을 행복하게 해줄 수 있을지에 대한 고민이었지만, 지금 와서 생각해 보니 이 또한 행복한 고민이었던 것 같다. 나에게 유니젠은 든든한 기둥 같은 존재였다. 내가 어깨를 펴고 가족들을 볼 수 있게 해주는 원동력인 동시에 미래를 꿈꿀 수 있는 희망이라는 생각이 들었던 것 같다.

이후로 3~4년의 시간이 흐르면서 삼십대를 맞이하게 된다. 누구나 마찬가지겠지만, 내 인생의 삼십대는 '유니젠'이라는 회사에 내가 꼭 필요한 존재인가에 대해 생각이 많았던 시기였다. 그래서 유니젠에 불필요한 존재라면, 나이가 더 들기 전에 이직을 해야 하는 건 아닌지 고민이 많았다. 나름대로 여러 가지 이유가 있었지만, 가장 큰 이유를 꼽자면 팀장님과의 마찰이었던 걸로 기억한다. 팀장님의 기대치와 내 능력에는 분

명한 차이가 있었기 때문이다.

'열심히 노력하는 것만이 최선의 길인가?' '나보다 능력 있는 누군가가 내 자리에 있으면 팀장님은 만족하실까?' 이런 저런 생각 끝에 내린 결론은 누군가가 나를 대신하더라도 반드시 좋은 결과가 있을 것 같지는 않았다. 그래서 내 인생의 삼십대는 더 열심히 노력하여 팀장님의 기대에 부응하자는 생각으로 행동한 시기였고, 이러한 마음가짐은 그 시절의 고민을 해결해 주는 동시에 직장생활을 하는 데 가장 큰 힘이 되었다.

유니젠의 강점이자 장점을 꼽으라면 '가족적인 분위기'가 가장 먼저 떠오른다. 이 또한 얼마나 큰 행복인지를 잘 알고 있다. 유니젠에 입사하기 전 서너 차례 다른 곳에서 직장생활을 했었지만, 지금처럼 나를 생각해 주는 동료들을 만나본 적이 없었던 것 같다. 힘든 일이나 고민이 있을 때 자기 일처럼 고민해 주고, 아파해 주고, 이해해 주는 동료를 얻을 수 있다는 게 그리 쉬운 일은 아니지 않는가?

십여 년간 회사에 있으면서 여러 사람이 오고갔지만, 한 사람 한 사람 잊지 못할 사람들이 많았던 것 같다. 지난 시간을 돌이켜 봤을 때 '유니젠'이라는 회사는 때에 따라 친구처럼, 애인처럼, 가족처럼 나와 함께해 온 따뜻한 회사임이 분명하다.

나에게 유니젠은 아낌없이 주는 나무이자 나의 행복이다.

김영선 :: 유니젠 관리팀

나눔을 위한 네 번째 약속

몇 해 전부터 언론이나 인터넷에 심심치 않게 등장하는 '기부' 또는 '후원' 등의 기사를 접하면서 아무것도 하지 않으면 좋은 사람이 아닌 것 같은 기분을 누구나 한 번쯤 가져봤을 것이다. 나 또한 마찬가지였다. 월급을 받으면 어딘가에 후원이나 기부를 해보겠다는 막연한 생각만 가지고 있었을 뿐, 생각에서 행동으로 옮기는 길은 멀고도 멀기만 했다. '카드 결제금이 많이 나와서', '명절이 있어서', '기부할 단체는 왜 종교단체밖에 없는 걸까?' 등 매번 이런저런 핑계를 대며 나 스스로를 위로하는 것이 전부였다.

2009년 초, 모 단체에서 진행하는 '신생아 살리기 모자 뜨기' 행사를 우연히 알고 나서 간단한 뜨개질 정도는 쉽게 할 수

있어 보였다. 하지만 이 역시 마음뿐, 정신을 차리고 보니 행사가 끝나고 말았다. 그해 늦가을쯤이었던 것 같다. 오랜만에 열린 여직원 모임에서 저녁식사를 하던 중 우연히 놓쳐버린 모자 뜨기 행사에 대한 이야기를 꺼내게 되었다. 그날 저녁 그 자리에 있던 대부분의 동료들이 같이 하면 좋겠다고 말해 주는 바람에 마음속에만 담아 두었던 모자 뜨기를 시작하게 되었다. 아마 혼자 했더라면 털실만 구입해 놓고 마감 기한을 놓쳐버렸을 것이다. 하지만 여럿이 함께하는 일이다 보니 마감 기한에 딱 맞춰 우리들이 만든 모자를 무사히 전달할 수 있었다.

처음으로 모자 뜨기를 마치고 나서 내 안에 약속 하나가 생겼다. 앞으로 일 년에 한 번씩이라도 모자 뜨기 행사에 참여함으로써 좋은 일을 하나씩 하기로 마음먹은 것이다. 2010년 겨울, 드디어 두 번째 모자 뜨기 행사가 시작되려 하고 있었다. 처음에 같이 했던 동료들로부터 흔쾌히 참여하겠다는 동의를 얻었고, 나 또한 이번에는 좀 더 예쁜 모자를 만들어보기로 다시 한 번 다짐했다.

유니젠에는 매달 전 직원이 함께하는 '문화 행사'가 열린다. 전체 직원이 잠시 업무에서 벗어나 서로를 좀 더 알아 가는 시간을 갖기 위해 등산, 풋살 같은 운동을 함으로써 함께하는 기업 문화를 조성하려는 것이다. 문화 행사에 참여하던 중에 무심코 이런 생각을 하게 되었다.

'활동적인 행사도 좋지만, 모자 뜨기처럼 나눔에 동참할 수 있는 문화 행사를 하면 좀 더 의미가 있지 않을까?'

그래서 담당자를 만나 의견을 나누었지만, 뜨개질이라는 특별한(?) 활동에 남녀 직원 모두가 참석하기는 어려울 것 같다는 말을 듣고는 잊고 있었다. 그런데 문화 행사 날짜가 임박해서 행사 담당자가 모자 뜨기 실을 어디서 사야 하는지를 물었고, 이렇게 해서 전 직원이 함께 모여 뜨개질을 하면서 즐겁고 의미 있는 시간을 보냈다. 그 이후로 작년 겨울까지 세 번의 모자 뜨기를 마쳤고, 다가오는 겨울에는 네 번째 모자를 뜨기 위한 준비를 하고 있다.

행복은 다양한 모습으로 우리에게 찾아온다. 그 가운데 성공의 경험에서 오는 행복은 단순히 즐거운 것에서 오는 행복감보다 좀 더 크게, 그리고 오랫동안 여운이 남는 것 같다. 직장인들에게는 실적이나 프로젝트 등 업무에서 오는 성공이 회사생활에서 경험할 수 있는 행복의 대부분을 차지할 것이다. 하지만 지난 일을 돌이켜보면, 나 혼자 작게 시작했던 일이 회사 전체의 일이 되고, 모두가 함께하는 일이 되어 가는 과정을 경험하면서 업무에서의 성공이 행복의 전부가 아니라는 것을 깨닫게 되었다. 그와 더불어 유니젠은 일만 생각하며 다니는 회사가 아니라, 좋은 생각을 나누며 함께할 수 있는 회사라는 믿음을 갖게 되었다. 이것이야 말로 에코넷이 내게 준 가장 큰 행복인 것 같다.

올해도 변함없이 동참해 줄 동료들이 있고, 아무리 작은 것이라도 언제든지 함께할 수 있는 회사가 있기에 나눔을 위한 모자 뜨기는 계속될 것이라고 확신한다.

김현진 :: 유니젠 생리활성검정팀

행복을 만들어 준 주춧돌

"대~한민국! 짝짝짝~ 짝짝!" 응원의 함성이 대한민국 전체에 울려 퍼지던 날, 중국에서 오신 연변 약대 교수인 남 박사님 동물 실험실에서 쥐를 잡으며 부러워만 했던 2002년 월드컵. 실험을 마치고 찾아간 단골 호프집에서는 월드컵 열기로 온통 축구 얘기만 들렸고, 술집에 모인 사람들과 함께 기뻐할 수 없어 부러워하기만 했다. 한참을 실험 얘기만 하다가 문득 걱정이 앞섰다. 졸업을 앞두고 진로에 대한 걱정에 달기만 하던 맥주가 아무 맛도 없는 맹물처럼 느껴졌다.

'나는 지금 왜 이러고 있지?'

'지금 나에게 제일 기쁜 건 뭐지?'

'나는 지금 행복한가?'

스스로 자문해 보았지만, 답을 찾을 수 없었다. 아니 대답할 만한 희망이나 미래 같은 건 전혀 보이지 않았다. 그저 논문만 빨리 끝냈으면 좋겠다는 생각뿐이었다.

진행하던 실험이 예상대로 좋은 결과를 얻으면서 그동안의 노력에 대한 보상을 받는 듯 했으나 월드컵에 대한 아쉬움은 평생 가지고 갈 것 같다. 대학생이던 1993년에는 나중에 사회에 나가 결혼을 하게 되면, 우리나라에서 월드컵이 열렸을 때 아이와 함께 경기장에 가서 응원하고 싶은 꿈을 꾸곤 했었다.

논문 작업이 끝나갈 무렵 학회 진행 요원으로 참석한 심포지엄에서 벤처기업 유니젠의 발표 슬라이드 넘기는 일을 맡게 되었다. 슬라이드를 넘기면서 유니젠의 천연물 연구에 대한 열정과 노력에 관심을 갖게 되었고, 학회를 마치고 돌아오는 자동차 안에서 생명공학연구소 이정준 박사님과 유니젠에 관한 이야기를 하며 내려왔다.

행복의 시작.

졸업 논문 발표를 무사히 마치고 친구, 선배님들과 진탕 술을 마시고 세상을 다 얻은 듯 즐기다 정신을 잃은 후 일어난 곳은 낯선 모텔 방이었다. 친구들은 아직도 술을 마시고 있었다. 징그러운 놈들. 해가 중천에 떠서야 어제의 흥겨움과 즐거움이 무안할 정도로 조용히 해장국을 먹고 있다. '오늘은

뭐하지?'

대학 졸업 후 사회 구성원으로 인정받기 위해 찾아간 곳은 유니젠. (어디선가 들어본 듯한 이름. 학회 때 슬라이드를 넘겼던 바로 그 회사가 나의 첫 직장이자 지금까지 근무하고 있는 유니젠일 줄이야!) 면접 시간이 되어 부리나케 마음을 가다듬으며 면접관들의 질문에 열심히 답변해 나갔다. 면접 결과에 대한 기대감을 안고 집으로 돌아왔다.

드디어 첫 출근.

다소 낯선 환경에 위축되었지만, 선배님들의 배려로 금세 유니젠 연구소의 환경에 적응하여 온 힘을 다해 열정을 쏟아부었다.

술! 그놈에게.

술에 관한 한 발군의 능력을 발휘하여 온갖 술자리에 불려 다니며 시간을 보냈다. 그 당시에는 이게 행복이었는지 모르겠다. 병천 시골에서 업무 이외에 즐길 거리는 이것밖에 없었다고 생각한 것 같다. 지금 돌이켜보면 더 건설적인 일이 있었겠지만, 내겐 이것도 충분히 건설적인 경험이었다고 생각한다.

술자리에 참석하면 항상 나오는 말이 '결혼'이었다.

'그래, 서른다섯이 되도록 내가 원하는 게 뭐였지? 예쁜 가정을 꾸리는 것! 가정을 이루고 내가 좋아하는 일을 하면서 알콩달콩 행복하게 사는 것! 이제 술자리가 지겹다. 결혼하고

싶다!'

솔직히 내 자랑이긴 하지만, 키 크고 예쁜 아내를 만났다. 아이도 아들, 딸 알맞게 낳았다. 지금 나는 누구보다도 행복하다. 좋은 직장 동료와 선후배님, 가족, 그리고 '행복'이라는 단어가 낯설지 않다. 그동안 살면서 "행복하다!"는 말을 몇 번이나 해봤을까? 문득 행복을 느끼면서 두려움을 느낀다. 어느 날 갑자기 사라질까 봐……

지금 이 순간, 내 주변의 모든 사람들과 일상의 것들에 고마워해야겠다. 내 마음속에 '행복'이라는 것을 계속 되새기게 하는 것이 있다면, 그것은 '꿈을 함께하는 행복한 일터'일 것이다. 내가 꿈꾸었던 행복을 갖게 해준 주춧돌이 '유니젠'이니까!

남정범 :: 유니젠 천연물연구팀

행복하게 사는 방법 열 가지

인간이 행복하다고 느끼는 순간은 자신에게 힘이 있다고 생각할 때, 저항을 극복했거나 나를 표현할 자유를 가졌을 때라고 한다. 맥락에 차이가 있기는 하지만, 개인적으로 유의미한 때를 돌이켜보니 유니젠에 입사한 후 몇 년간이었던 것 같다.

그 당시에는 시골에서 서울로 막 올라왔기 때문에 모든 게 낯설고 놀랍기만 했다. 자립을 위해 첫걸음을 뗀 내 모습과 이제 막 출범한 회사의 모습은 서로 닮아 있었다. 지금 생각해 보면 어느 것 하나 정리되어 있지 않았지만, 비전을 가진 회사의 모습은 나를 흥분시켰고, '회사'라는 조직이 내게 줄 많은 것들을 흡수할 준비가 되어 있었다. 3년여 기간 동안 회사 생활을

통해 성장해 나가고, 새로운 것들을 익히는 과정들은 내게 큰 즐거움을 주었다. 물론 힘에 겨워서 괴롭고 슬픈 적도 있었지만, 그 덕분에 나를 성장시킬 수 있었다. 아주 사소하고 기본적인 일들, 그리고 어떤 면에서는 누구나 할 수 있는 일들을 책임감까지는 아니지만 '이런 것이구나!'라는 깨달음을 얻으면서 말이다.

비록 지식이 부족했고, 성숙하지도 않았지만 풋풋한 열정을 가졌던 때가 내게도 있었다는 사실은 매우 중요하다. 성장하고 행복했기 때문에, 그리고 회사에 들어올 후배들에게도 나와는 또 다른 유의미한 일들이 있기를 바란다.

지금의 시간들은 그때와는 또 다르다. 같은 내가 다른 모습으로 저항을 극복하면서 성장하고, 나를 표현할 수 있는 방법들을 찾고 있다. 더불어 또 다른 유의미한 일들을 만들어 가고 있다.

가끔 지치고 힘들 때마다 읽어보는 '행복하게 사는 방법 열 가지'를 소개한다. 어느 날, 한 구절이 가슴에 와 닿으면 그것도 행복한 것일 테니까…….

첫째, 날씨가 좋은 날에는 산책을 한다. 하고 싶은 일을 적고 하나씩 시도해 본다. 시간이 날 때마다 몰입할 수 있는 취미를 하나 만든다. 우울할 때 찾아갈 수 있는 비밀 장소를 만들

어 둔다.

둘째, 즐거운 상상을 많이 한다. 고래고래 목청껏 노래를 부르거나 편한 친구를 만나 툭 터놓고 수다를 떤다. 꾸준히 많이 걷는다.

셋째, 평소에 다니던 길이 아닌 길로 가본다. 현재의 가장 큰 불만이 뭔지 생각해 본다. 생각은 천천히, 행동은 즉시 한다. 해야 할 일은 되도록 빨리 끝내고 여유 시간을 확보한다.

넷째, 나 자신의 잘못은 인정하고, 잘한 일은 침묵한다. 상대방의 말에 맞장구를 쳐주자. 고맙고 감사한 마음은 반드시 표현한다. 나 자신을 가꾸는 일에 게을러지지 않는다. 아무리 화가 나도 넘지 말아야 할 선은 넘지 않는다. 나 자신과 사랑에 빠져본다. 갈등은 부드럽게 차근차근 푼다.

다섯째, 매주 또는 매달 실천할 목표를 세우자. 여행을 자주 다니자. 의논할 수 있는 상대를 곁에 두자. 어린 사람과 친구가 되자. 단 한 줄이라도 일기를 쓰자. 한 번도 경험해 보지 않은 일을 해보자. 맨 처음 시작할 때의 초심을 잊지 말자. TV 보는 시간을 줄이자.

여섯째, 지금 하고 있는 일에 최선을 다한다. 매 순간이 단 한 번뿐이라고 생각한다. 지금 하고 있는 일을 사랑한다. 내가 먼저 큰소리로 인사한다. 하기 싫은 일은 열심히 해서 최대한 빨리 끝내버린다.

일곱째, 잘 해야겠다는 강박관념을 버리자. 기억해야 할 것은 외우지 말고 메모를 하자. 부탁하는 것을 두려워하지 말자. 빚을 지지 말자. 중요한 일부터 처리하자. 인생은 불완전하고, 불안정한 것임을 인정하자. 남의 눈치를 보지 말자.

여덟째, 해주고 나서 바라지 말자. 스트레스를 피하지 말고 그대로 받아들이자. 할 일을 내일로 미루지 말고 지금 시작하자. 울고 싶을 때는 소리 내어 실컷 울자. 잠들기 바로 직전에는 마음과 몸을 평안히 하자. 상처받을 것을 두려워하지 말자. 하고 싶은 말은 적극적으로 하자. 인생은 혼자라는 사실을 애써 부정하지 말자. 이대로의 모습을 인정하고 사랑하자. 자신을 위한 적당한 지출에 자책감을 갖지 말자. 할 수 없는 것에 대한 욕심을 버리자. 다른 사람은 나와 다르다는 것을 인정하자. 하루 일을 돌이켜보는 명상의 시간을 갖자. 잔잔한 클래식 음악을 듣자.

아홉째, 두려움을 버리자. 독립적인 사고를 하자. 현실에 만족하자. 환하게 웃자. 한 순간도 자신을 의심하지 말자. 자신이 믿는 것에 확신을 갖자. 싫은 것은 싫다고 당당히 말하자. 웃음거리가 되는 것을 두려워하지 말자. 자신에게 주어진 것을 심각하게 받아들이지 말자.

열째, 일어나지 않은 상황에 겁을 내지 말자. 주는 것 자체를 즐기자. 한 걸음 물러서서 생각하자. 목적지를 정하지 않고

걸어보자. 지금 이 순간을 즐기자. 나를 다른 사람과 비교하지 말자.

박경민 :: 유니베라 경영지원팀

꿈꾸는 자, '햅코네시안'

"연구원에게도 개인 책상과 컴퓨터가 지급되나요?"

"당연하죠. 당연하죠."

"당연하죠. 당연하죠."

유니젠에 최종 합격했다는 전화를 받은 날, 인사 담당자에게 가장 먼저 물었던 질문과 들었던 대답이다. 너무나도 당연한 질문에 얼마나 놀라셨으면 두 번이나 연거푸 당연하다고 하셨을까. (^^;;)

유니젠에 오기 전, 처음 연구원의 길을 걷겠다고 다짐했을 때의 비전과 꿈을 잃은 채, 당연한 것조차 얻지 못하는 서러운(?) 계약직 연구원으로 생활하고 있을 때의 일이다. 수많은 기계와 시약으로 가득 차 있는 5평 남짓한 실험실에 3대의 컴퓨

터로 15명의 연구원이 생활하고, 그로 인해 실험은 물론 연구에 필요한 기본적인 논문 검색도 제대로 할 수 없는 환경에서 생활했다. 그때 가장 힘들었던 것은 '연구원 박미혜'라는 이름은 없고 '○○ 박사 돕는 사람'으로만 여겨지고, 함께 연구하는 사람이 아니라 원하는 결과를 도출해 주는 기술 제공자(?)로서의 직무만 감당하는, 즉 '나', '우리'의 일이 아닌 '너'의 일을 돕는 사람으로 생활하고 있었다. '나'의 일이 아닌 '남'의 일을 하다 보니 연구에 대한 애착도 사라지고, 어느새 꿈이 없는 연구원으로 불행한 삶을 살고 있는 나를 발견했다.

'다시, 꿈을 꾸는 행복한 연구원으로 살고 싶다.'

이 작은 소망이 유니젠으로 발길을 옮기는 기도가 된 것 같다.

2011년 12월 7일, 유니젠에 처음 출근하던 날의 기억이 떠오른다. 신입생이 입학식에 참석할 때의 두근거림과 같은 설렘과 동시에 전 직장에서 느꼈던 불행에 대한 두려움을 안고 출근한 첫 날, 따뜻한 커피와 웃음으로 나를 맞이해 준 유니젠 가족들로 인해 첫 번째 행복을 느꼈다.

그 후, 누군가가 파란색 파티션이 세워진 자리를 가리키며 "저기가 미혜 씨 자리야!"라고 말씀하셨을 때 소속되어짐에서 얻을 수 있는 두 번째 행복을 느꼈다. 그리고 내가 일하게 될 넓은 공간의 실험실과 가득 채워진 실험 도구들을 보면서 어쩌

면 이곳에서 다시 꿈꾸는 연구원으로 생활할 수 있겠다는 작은 기대감이 세 번째 행복으로 자리 잡았다.

하지만 아직도 '내가 이곳에서 꿈꾸는 자로 설 수 있을까?' 하는 확신이 서지 않을 무렵인 2012년 3월 13일에 '에코넷 신입사원 교육'에 참석하여 이병훈 사장님의 특강을 듣게 되었다. 나는 그 자리에서 '자연의 혜택을 인류에게'라는 에코넷의 미션과 '꿈을 함께하는 행복한 일터'라는 비전에 대해 다시 한 번 각인할 수 있는 기회를 얻었다. 그리고 이곳에서 '우리'의 일을 하면서 꿈을 꿀 수 있는 행복한 연구원이 될 지도 모르겠다는 행복감을 얻고 업무 현장으로 복귀하였다.

그로부터 10개월이 지난 지금, 아직도 신입사원 티를 못 벗은 사고뭉치 말단 사원이지만 늘 웃는 분위기를 만들어 주는 생리활성검정팀 팀장님과 팀원들, 무엇보다 알려 주시기 전에 내가 먼저 찾아볼 수 있는 기회를 주시고, 엉터리 의견과 아이디어지만 무시하지 않고 존중해 주시는 부장님과 함께 꿈을 꾸는 행복한 연구원으로 성장하고 있는 중이다.

이렇게 에코넷과 함께 성장하고 있는 나에게는 이런 말이 어울릴지도 모르겠다.

꿈꾸는 자, 행복한 에코네시안, Hapconetian(Happy ECONETian), 연구원 박미혜! ^^v

박미혜 :: 유니젠 생리활성검정팀

유니젠에서 만든 추억, 그리고 행복

2005년 6월 2일, 떨리고 들뜬 마음과 설렘, 걱정, 이리저리 널뛰는 다양한 감정들을 진정시키며 유니젠에서의 첫 걸음을 시작했습니다.

아직도 회자되는 저의 면접은 회사도 아닌 오창과학단지에서 (지금은 그럴듯한 호수 공원으로 바뀌었지만, 그때만 해도 허허벌판에 정자 한두 개뿐이었다.) 치르게 되었습니다. 취업의 어려움으로 좌절을 많이 겪던 때라 면접 장소 따위는 제게 중요하지 않았습니다. 면접을 위해 정장으로 말쑥하게 차려 입고 나간 그곳에서 당시 경영지원실장님은 제게 몇 마디 물어보시고는 당장 본인의 차에 타라며 회사로 들어가자고 하셨습니다.

그 당시는 오창과학단지까지 가는 대중교통이 드물었던

시절이라 저를 데려다 주었던 대학 선배가 몹시 의심스럽다며 저를 면접하셨던 경영지원실장님의 차를 계속 뒤따랐습니다. 그렇게 해서 도착한 곳은 다행히(?) 인상적이었던 유니젠 건물 앞이었고, 안심한 대학 선배는 차를 돌려 돌아갔습니다. 물론 그 선배는 지금도 나를 만나면 그때 일을 이야기하며 무척이나 재미있었다고 웃습니다.

회사로 들어와 처음 뵌 분이 도선길 박사님이었습니다. 당시 경영지원실장님은 도선길 박사님 앞에 저를 데려다 놓으시곤 이렇게 말씀하셨습니다.

"영어로 말해 보세요."

몹시 당황스러웠지만 나름대로 생각해 둔 자기소개 내용을 영어로 말했습니다. 그리고 얼마간의 기다림 후 임원 면접을 거쳐 마침내 유니젠에 입사하게 되었습니다.

이런저런 우여곡절을 겪기도 했고, 그토록 어렵다는 첫 취업에 성공했기에 저는 첫 입사일, 그리고 입사 후 있었던 일들을 아직도 고스란히 머릿속에 기억으로 간직하고 있습니다. 누구나 신입사원 시절의 떨림을 기억하겠지만, 저는 그때 출퇴근하는 것 자체가 그렇게 행복할 수 없었습니다. '출근'이라는 단어를 말하면서 차를 타고, 회사 이야기를 하고, 업무 이야기를 하고, 이메일을 보고, 서류를 처리하는 일련의 과정들을 배우는 것이 결코 쉽지 않았습니다. 또한 나 혼자 감당하기에는 너

무 힘든 일도 많았습니다. 나를 걱정해 주시는 사람들이 "적응 잘 하고 있어? 괜찮아?"라고 물으실 때마다 그런 내색을 보이지 않으려고 정말 재미있고 행복하다고 말하곤 했습니다.

특히나 지금도 그렇지만, 정말 따뜻하고 친절한 유니젠 직원들과 기숙사 생활을 하면서 겪었던 일화들을 생각하면 지금도 웃음이 나곤 합니다. 밤이면 한방에 모여 야식을 시켜 먹으면서 밤늦도록 수다를 떨었던 기억들, 짜장라면 끓이는 솜씨가 예술의 경지에 오른 김영선 대리가 나서는 날에는 그녀 앞에서 젓가락만 들고 눈이 빠지게 기다리기도 했고, 그녀 옆에서는 나눠 먹겠다고 달걀 한 판을 전부 삶아 버린 직원 때문에 억지로 먹다가 지쳐버린 일도 있었답니다. 주말에는 늦잠을 자느라 아침식사를 거른 채 침대 속에 있는 우리들을 데리고 나가서 식사를 챙겨 준 태우 과장님, 정범 차장님도 생각이 나네요.

이런 소소한 즐거움 덕분이었을까요? 함께 즐거움을 나누고, 행복한 기억을 공유하면서 결국 직원 중 한 사람과 백년가약을 맺었고, 지금은 세상에서 가~장 잘 생긴 아들을 둔 엄마가 되었습니다.

저에게는 꿈을 함께하고 있는 행복한 일터가 바로 이곳 유니젠입니다. 좌절하던 시기에 유니젠을 만나 일하는 즐거움을 배웠고, 이곳에서 평생의 반려자를 만나 평생을 함께할 수 있게 되었기 때문입니다.

행복은 대단한 게 아니라고 생각합니다. 누군가에게 꼭 감동을 받고, 대단한 선물을 받았다고 해서 그것이 엄청난 행복은 아니라는 것입니다. 사소하지만 즐겁고 행복한 기억들, 그리고 그 안에서 맺은 인연들과의 관계가 바로 행복이 아닐까 싶습니다.

장미라 :: 유니젠 경영지원팀

커피 사오는 남자

나는 오늘도 마트 커피 코너에서 열심히 커피를 훑기 시작한다. 커피 종류도 살펴보고, 가격도 비교해 보고, 새로 나온 신제품을 시음해 보며 직원들의 취향을 머릿속에 떠올리고는 한참을 고민한다.

얼마 전부터 사무실에서 마시는 커피와 차를 구입하는 일을 맡게 되었다. 사실 개인적으로 커피나 차를 자주 마시지 않는 터라 커피 구입비로 얼마씩 걷는 돈이 아깝다고 생각했었다. 하지만 내가 커피 사오는 일을 맡은 후로는 그런 마음이 바뀌기 시작했다. 어쩌면 커피 사오는 일이 조금은 귀찮을 법한 심부름일 수 있다. 그런데 어느 순간부터 부서 직원들과 팀장님들의 커피 기호에 대해 상세히 알고 있는 내 모습을 보게 되

었다.

예전의 나처럼 커피와 차를 별로 좋아하지 않는 이정민 대리님, 무엇이든 준비된 차를 맛있게 드시는 김선철 팀장님, 원두커피를 좋아하시는 이강우 박사님, 평소 인스턴트커피를 즐기셨지만 이젠 원두커피를 더 좋아하시는 유재호 팀장님, 임신을 해서도 커피를 좋아하는 김민정 대리님, 다방 커피 스타일을 좋아하시는 임경진 과장님 등.

나에게 직장생활은 가끔씩 찾아오는 회식 자리에나 참석하고, 직장 동료들과 아무 탈 없이 지내는 그저 그런 생활의 반복이었다. 평소 퇴근 이후에는 따로 만나 술을 마신다거나 밖에서 누군가와 식사를 하는 일도 거의 없을 정도로 업무 외에는 전혀 신경을 쓰지 않았다. 아내는 밖에서 친구도 만나고, 술도 한잔씩 하고 들어오라고 권하지만, 내 성격 탓인지 그런 마음이 생기지 않는다. 그랬던 내가 아주 작은 심부름인 커피 사오는 남자가 된 후부터는 회사 동료들과 가까워지고, 그들에 대해 몰랐던 것들을 조금씩 알아 가고 있다.

그 이유를 생각해 보니, 커피를 고르는 동안 맛있게 커피를 마시는 직원들의 얼굴이 머릿속을 스쳐가면서 그들의 모습이 떠오르기 때문인 것 같다. 맛있는 음료나 차를 보게 되면 '이 걸 사가면 좋아할까?', '여직원들을 위해서 아이스티와 홍차를 사갈까?'라는 고민을 하게 된다. 벌써부터 내일의 반응이

궁금하다.

아! 그리고 매일 아침 티스푼을 깨끗하게 씻어 주고, 커피 포트에 물을 채워 주는 정소람 님, 정말로 고마워요. 덕분에 내가 사온 커피와 음료가 더 맛있어지는 것 같아요.

그리고 중요한 변화 한 가지.

나도 이제는 커피 향을 즐기는 남자가 되었다는 사실!

박종성 :: 유니젠 생산팀

좋은 생각 속에 찾아온 행복

에코넷에 들어오기 전, 감동받고 감사했던 일에 대해 이야기해볼까 합니다. 이야기는 제가 대학교 4학년 1학기에 조기 취업을 하여 한 연구기관에서 일하게 되었을 때로 거슬러 올라갑니다.

그 당시에 나이는 어렸지만 열정이 있었기에 부푼 꿈을 안고 열심히 일했습니다. 하지만 기대는 실망으로 바뀌었고, 부족함을 채우지 못한 채 6개월 만에 일을 그만두고 이곳저곳 면접을 보기 시작하였지요. 생명과학과를 졸업한 저는 전공과 관련된 일을 찾고 있었습니다. 탁월한 능력이나 기술은 없었지만, 젊은 나이의 패기와 열정으로 거침없이 지원하고 있을 때 '유니젠'이라는 곳에서 연락이 왔습니다. 처음에는 전공과의

관련성이 떨어지는 화학 분야라서 그다지 염두에 두지 않았습니다. 심하게 말하면 아직 철이 없었던 탓에 면접 컨디션 조절을 위해 연습 삼아 응시해 보자는 심산이었지요.

하지만 유니젠에서의 면접은 저에게 갈등과 고민을 안겨주었습니다. 그때까지 보아온 다른 회사의 면접과 달랐기 때문입니다. 기존 회사들의 딱딱한 면접과 달리 편안하고 안정된 분위기를 느꼈고, 제 소개가 끝나자마자 면접관께서 직접 회사를 소개하시면서 유니젠이 어떤 회사이며, 어떤 일을 하는지, 그리고 어떤 인재를 찾는지 등에 대해 자세하게 소개해 주셔서 무척 놀랐습니다. 그때 제게 해주신 말씀은 아직까지도 머릿속에 또렷하게 남아 있습니다.

"이렇게 우리 회사를 소개하는 이유는 당신이 우리에게 자기소개를 하여 어필함으로써 우리가 당신을 뽑을지에 대한 선택을 하듯이 당신도 우리를 선택할 기회가 있는 것입니다. 물론 우리가 당신을 선택하는 것이 우선이지만, 만약 우리가 당신을 선택했다면 그 다음에는 당신이 우리 회사를 선택해야 할 입장이므로, 우리도 당신에게 우리 회사를 소개하고 어필하는 것입니다."

그러고 나서 간단한 질문과 답변이 오갔고, 연구소를 둘러본 후 면접을 마쳤습니다. 면접을 보고 집으로 돌아오는 길에 잠시 길가에 차를 세우고 한참을 생각했습니다.

'이 정도면 괜찮은 회사가 아닐까?'

'참으로 좋은 생각을 가지고 있는 회사 같아!'

그러고는 몇 군데 회사에서 면접을 더 보았지만, 그럴수록 '유니젠'이라는 회사가 머릿속에서 지워지지 않고 맴돌았습니다. 게다가 다른 회사와 비교되면서 저의 혼란은 더욱더 커지기만 했습니다.

'아, 이런 회사가 또 있을까? 유니젠처럼 좋은 생각을 가지고 있는 회사는 찾기 어려울 거야!'

'하지만 내 전공과는 거리가 있는데……. 내가 하고 싶은 분야는 아닌데…….'

이렇게 한참을 고민하던 저는 내가 배운, 내가 알고 있는, 내가 하고 싶은 일과는 거리가 있었지만 나를 끌어당기는 알 수 없는 힘에 이끌려 '내 열정을 이곳에 걸어 봐도 좋지 않을까!'라는 생각이 들었습니다. 남들은 웃을지 모르지만, 내 나름대로 인생에서 매우 중대한 결심을 하게 된 것이지요.

나는 지금 유니젠 연구소에서 일하고 있습니다. 아직 많이 부족하고, 노력해야 할 것이 더 많지만 저에게는 좋은 생각을 가진 회사와 좋은 마음을 가진 동료들이 있습니다. 그런 덕분으로 내가 채우지 못했던 부족함을 '화합'과 '사람'으로 채워 가며 사람과 사람 간의 소통이 있는 이곳 에코넷에서 즐겁고 신나게 일하며 밝은 미래를 꿈꾸고 있습니다. 그리고 따뜻한 에코넷의 가족이 될 수 있어서 행복합니다.

손희승 :: 유니젠 천연물연구팀

행복은 문득 찾아온다

고등학교 1학년 무렵이었던 것 같다. 어느 날 평소처럼 등교를 하기 위해 버스를 타고 가고 있었다. 문득 차창 밖을 내다봤는데, 많은 차량이 도로 위를 열심히 오가고 있었다. 그 모습을 보고는 갑자기 이런 생각이 들었다.

'저 차들은 어디로 가고 있는 걸까? 다들 목적지가 있는 거겠지? 아, 나도 어른이 되었을 때 목적지가 있었으면 좋겠다.'

어린 나이였지만 미래에 대한 불안감이 있어서 그랬는지 목적지가 있는 사람들을 부러워했던 것 같다.

그로부터 20년이 지나서 문득 차창 밖을 내다봤는데, 여전히 많은 차들이 도로 위를 열심히 달리고 있다. 그 순간 또

다시 '저 차들은 어디로 가고 있는 것일까? 다들 목적지가 있는 거겠지?'라는 생각이 들었지만, 이번에는 '아, 나도 목적지가 있는 여자지!'라는 생각을 하곤 이내 행복감에 빠져들었다.

그렇다. 20년 전과 달라진 것은 버스가 아닌 내 차를 몰고 있다는 것, 그리고 유니젠에 출근하기 위해 열심히 도로 위를 달리고 있다는 것이다.

처음에 '행복'에 관한 글을 쓰려고 했을 때 조금 당황스러웠다. 행복의 기준이 각자 다르기 때문에 남들이 보기에는 유치찬란할 수도 있고, 막상 행복했던 순간을 떠올리라고 하면 순간 멍해질 수밖에 없지 않겠는가? 게다가 회사에 관한 행복을 쓰라니……. 회사 생활은 소위 말하는 '다람쥐 쳇바퀴 도는' 생활이 아닌가? 매일 똑같은 시간에 일어나서 세수하고, 밥 먹고 출근해서 똑 같은 일을 하고, 다시 밥 먹고, 또 일하고, 또 밥 먹고, 일하고, 자는 것…….

하지만 어찌 보면 이것은 가진 자의 여유다. 내가 지금 이렇게 일을 하고 있기 때문에 부릴 수 있는 귀여운 투정! 일요일 저녁이 되면 또 다시 출근해야 한다는 생각에 내일이 오는 것이 싫지만, 만약 나에게 출근해야 할 회사가 없다면 오늘이 싫었을 것이다.

업무의 미션은 항상 문제의 해결이다. 그리고 나는 문제가

발생하면 그것이 해결될 때까지 그것만 생각하느라 잠을 설치는 성격을 가졌다. 내가 업무를 해결하기 위해 노력하고 또 노력해서 성공하고 나면 다음 업무가 나를 기다리고 있다. 그리고 내가 이 모든 업무를 해결할 수 있는 것은 내가 유니젠에 다니고 있기 때문이다. 그래서 오늘 일이 해결되지 않아 잠이 오지 않을 때면 '나에게는 아직 내일의 기회가 있어!'라며 나를 다독일 수 있다.

실험을 하기 위해 노트를 들고 바쁘게 저울실로 가다가, 또는 다른 사람에게 결과를 전달하고 돌아서다가 문득 깨달을 때가 있다. '어, 내가 연구원이구나! 내가 좋아하는 일을 지금도 하고 있구나!' 나는 이런 생각이 들 때 가장 큰 행복을 느낀다.

예전에 가수 장윤정이 토크쇼에 출연해서 이런 말을 한 적이 있다.

"행사가 너무 힘들어서 포기하고 싶은 생각이 들 때도 많았어요. 하지만 그러다가도 집에 와서 가족이 웃고 있는 모습을 보면 포기할 수 없었습니다."

그녀의 말을 듣고 크게 공감했다. 내가 일을 해서 번 돈으로 가족과 여행을 가고, 맛있는 음식을 먹을 수 있다고 생각하자 갑자기 뿌듯함이 밀려오면서 이런 행복이 영원히 계속되면 좋겠다는 생각이 들었다.

화장실에 붙어 있는 EQ에 관한 문구들 중에 항상 나를 불안에 떨게 만드는 문구가 있다.

'회사가 너를 버리면, 넌 고아가 된다.'

물론 이 말에는 새로운 환경도 접해 보라는 메시지가 담겨 있지만, 어느새 유니젠에 빠져버린 나는 다른 생활은 꿈도 꿀 수 없다. 지금 나에겐 내가 유니젠에 근무하고 있다는 안도감과 함께 '얼마나 더 다닐 수 있을까?' 하는 불안감이 공존한다. 이처럼 기묘한 감정은 유니젠과 이별하기 전까지는 계속되겠지만, 아직은 안도감의 비중이 더 크기 때문에 행복하다.

유니젠에서의 행복에 대해 쓰려고 그동안 행복했던 일들을 떠올려 보니, 지난 4월에 10년 근속상을 받았을 때도 행복했고, 10년 동안 주마등처럼 스쳐가는 행복했던 일들이 너무 많은 것 같다. 하지만 그중에서 어느 하나를 최고로 꼽을 수는 없을 것 같다. 내게는 모두 소중한 것들이고, 그때로 다시 돌아갈 수 없으니까 말이다. 그래서 나는 '내가 지금 유니젠을 다니고 있고, 아직 할 수 있는 일이 많다.'라는 현실이 가장 큰 행복이자 희망인 것 같다. '그때 참 행복했었는데!'라는 과거보다는 '나 지금 행복해요!'라는 현재가 더 좋다. 아무리 감동이 크더라도 지나가는 행복은 추억이 되지만, 문득 깨닫게 되는 현재의 소소한 행복은 내 삶의 원동력이 된다.

글쓰기가 싫어서 이과를 선택한 내게 '행복'을 주제로 한

공모는 너무 가혹한 과제였지만, 바쁜 삶 속에서 한 번쯤은 내가 얼마나 행복한 사람인지를 깨닫도록 기회를 준 것 같아 감사한다.

오미선 :: 유니젠 천연물연구팀

내 인생의 새로운 전환점

2011년 9월 말쯤이었던 것 같다. 모처럼 아들 녀석과 함께 바람도 쏘일 겸 안면도에서 펜션 사업을 하는 친구를 만나러 가던 중이었다. 모 헤드헌터로부터 '유니젠'이라는 회사에서 인재를 찾고 있는데, 지원해 보지 않겠느냐는 제안 전화를 받은 계기로 유니젠과의 인연이 시작되었다.

그 당시에 나는 다니던 회사 경영진의 무기력하고 부도덕한 리더십과 그들이 벌인 내부 정치의 희생양으로 많은 인재들이 회사를 떠나는 모습을 지켜보면서 이직을 진지하게 고민하고 있었다. 또한 가정 내부적으로도 자폐 질환이 있는 아들, 처갓집과의 금전적 문제 등으로 집사람과 사소한 말다툼이 잦았으며, 그로 인해 정신적·육체적으로 상당히 피폐해져 있었다.

지금에 와서 하는 말이지만, 처음에는 이런 현실로부터 도피하려는 마음에서 유니젠에 지원했다. 그러나 여러 차례에 걸친 인터뷰를 진행하면서 창업자이신 고 청강 이연호 회장님을 비롯해 이병훈 총괄사장님의 명확하고 투철한 기업관과 경영철학에 점점 매료되었고, 이런 회사라면 내 인생의 후반부를 맡겨도 되겠다는 확신을 갖게 되었다. 그런데 진짜 맺어질 인연이었는지 2012년 1월 2일자로 내 나이 불혹의 시작과 함께 내 직장 경력의 후반부를 이곳 유니젠에서 시작하게 된 것이다.

이렇게 시작한 유니젠에서의 생활은 이제 겨우 8개월 남짓 지났지만 마음먹기에 따라서는 긴 시간일 수도 있고, 짧은

시간일 수도 있다. 그동안 이곳 유니젠에서 겪었던 에피소드와 추억들이 주마등처럼 스쳐 지나간다. 그와 더불어 나 자신과 우리 가족에게 일어났던 좋은 일들, 행복한 추억들, 그리고 마음의 평화와 육체적 건강의 회복, 가정 해체의 위기 극복 등이 더 큰 의미로 다가온다.

유니젠에서 직장생활을 새롭게 시작하면서 주중에 가족과 떨어져 있는 시간이 많아지게 되었다. 떨어져 있는 시간 동안, 마음 수양과 자기 성찰을 통해 그동안의 혼란스럽고 복잡했던 마음을 다잡을 수 있었다. 또한 예전 직장에서 거의 매일 반복되었던 음주를 청산하고 물 맑고 공기 좋은 환경에서 꾸준한 운동으로 육체적 건강도 되찾게 되었다. 또한 본의 아니게 체중이 조금 늘긴 했다. 하지만 마음의 안정과 육체적 건강이 서로 조화를 이루게 되면서 가정의 문제도 꼬였던 실타래가 풀리듯 하나 둘 해결되기 시작했다.

그 결과 아들 녀석의 자폐 질환을 마음으로 서서히 받아들이게 되었고, 아내와의 사소한 말다툼과 감정싸움도 조금씩 줄어들기 시작했다. 처음에는 미안한 마음에 아들 녀석과 거의 매 주말마다 전국 방방곡곡으로 등산, 캠핑, 물놀이, 문화 탐방, 역사 탐방, 맛집 투어 등을 다니기 시작했지만, 이제는 아들 녀석과 함께 다니는 여행 자체를 서서히 즐기게 되었다. 지금은 아들과의 여행을 통해서 많은 보람과 행복을 느끼고 있

다. 그러는 와중에 아내와의 불편한 관계도 자연스럽게 회복되었다. 한마디로 가정의 평화가 찾아온 것이다.

개인적으로는 인생의 후반부를 시작하면서 내 인생의 위기, 내 직장 경력의 위기, 내 가정의 위기를 극복하게 해 주었으니 유니젠과의 만남은 내 인생의 터닝 포인트가 되었다고 할 수 있다. 이것은 유니젠이 내게 준 최고의 선물이자 축복이다.

'가화만사성家和萬事成'이라고 했다. 내 가정에 평화와 화목이 깃들었으니, (조금 주제넘은 소리로 들릴지 모르겠지만) 이제부터는 올해 들어 경영 여건이 어려워진 회사가 현재의 위기 상황을 극복하는 데 중추적인 역할을 수행하고 싶다. 더불어 회사가 보란 듯이 재도약할 수 있도록 그동안 갈고 닦은 역량과 자질을 최대한 발휘하여 회사가 내게 준 축복에 보답하고 싶다. 진심으로…….

고용협 :: 유니젠 경영지원팀

JS에게 보내는 편지

원래 인생의 가장 멋진 순간들은 의식하지 못한 사이에 지나가 버리지 않던가. 앞으로 더 멋진 일이 일어날 거라는 끝 모를 기대에 가려 행복한 순간들은 덧없이 우리를 스쳐간다. 그 행복이 일상이 되고, 좋았던 순간은 한때의 메아리로 남아 기억 한편에 자리 잡는다.

에코넷에 몸담은 후 하루아침에 일확천금을 얻었거나 아주 근사한 차를 받았거나 하루아침에 아주 많은 것을 얻은 기억은 없는 듯하다. 하지만 함께 근무하며 기쁨을 나누는 동료들, 그리고 슬픈 일을 함께 나누며 위로해 주는 내 곁의 회사 동료들이 행복의 근원이 아닌가 싶다. 또한 인간이 지닌 가장 소소한 본성에 맞게 살아가며 하루하루를 함께 나누는 것이 진

정한 행복의 원천이 아닌가 싶다.

그 동료들 중에 우리 팀의 일꾼 JS에 대해 오늘은 몇 가지 당부의 말과 감사의 말을 전하고 싶다. 특히 대학을 졸업하고 처음 입사했을 때는 모든 것이 낯설었을 텐데 한 해 한 해를 동료들과 함께하며 업무를 익혀 가고, 조직의 생리를 몸에 담아 가는 모습을 볼 때마다 흐뭇한 생각이 들곤 했다. 그랬던 그가 더없이 좋은 여자를 만나서 결혼식을 올리는 예식장에 갔을 때는 바로 내 자식인 듯 가슴이 뿌듯했고, 예식장에서 인사를 건네는 그의 모습이 어찌나 늠름하던지.

그런 JS가 어느덧 2세를 출산하고, 새로운 곳에 집을 마련하여 오순도순 행복한 가정을 만들어 가는 모습을 보면서 마치

나의 성공처럼 너무나도 기쁘고, 함께 얼싸안고 춤이라도 추고 싶은 심정은 어떻게 이해해야 할까? 내가 제수씨를 소개해 준 것도 아니고, 집을 사준 것도 아닌데 말이다. 하지만 바로 이런 것이 '꿈을 함께하는 행복한 일터'라는 그림의 한 조각이 아닌가 싶다.

Dear JS,

JS, 며칠 전 회식 자리에서 이런저런 얘기를 하며 내린 결론은 '돈이 결국 선이고 힘이다.'라는 것이었네. 우리 너무 속물스럽지 않은가? 돈이 100% 행복을 가져다준다는 것은 아니지 않은가? 돈이 너무 많아서 불행한 사람들의 얘기는 많이 들어서 알고 있지 않은가? 그럼에도 불구하고 자본주의 사회에서는 어쩔 수 없이 돈을 열심히 벌어야 하고, 돈을 소유하기도 해야 하지.

하지만 중요한 것은 인생을 단순하게 하는 데 있지 않을까? 금욕적인 의미가 아니라 정신적인 면에서 말일세. 이를테면 어쩌다 한 번 마신 카푸치노와 쿠키의 환상적인 맛에 기분이 좋아지기도 하면서 작고 소소한 행복에 감사하며 즐거워하는 동료로 계속 남아 주게나. 우리가 고액의 월급을 받는 것도 아니고, 높은 위치에 있는 것도 아니지만 진정한 행복의 씨앗이 무엇인지 자네와 나는 너무도 잘 알지 않는가?

아, 그리고 한 가지 더.

너무나 잘 알고 있는 것이지만, 건강이 없다면 행복이고 뭐고 아무것도 없다는 사실일세. 이런 사실을 잊고 살기라도 할까봐, 어떤 빌어먹을 바이러스가 오늘도 내 몸에 출몰했지 뭔가…….

자네와 나, 건강하게 우리의 꿈을 이곳에서 이루어보세!

유재호 :: 유니젠 생산팀

함께해서 행복한 일

2012년 여름, 몇 백 년 만에 찾아온 살인적인 무더위가 맹위를 떨치며 하루하루 최고 온도를 경신하고 있을 무렵, 2년 동안 연구한 프로젝트의 결과물을 얻기 위해 연구소와 생산팀에서 시 생산에 들어갔다.

이번 시 생산은 유니젠에서 진행하는 프로젝트 중 가장 중요했을 뿐만 아니라 2년 동안 연구한 결과이기도 하고, 나의 사수였던 김종한 과장과의 마지막 프로젝트였기 때문에 나에겐 더욱 특별한 일이었다. 그러나 임상 실험 일정과 연구소에서 개발한 공정을 도입할 수 있는 생산 공장을 찾는 데 시간을 너무 많이 소비하여 생산을 완료할 시간이 부족한 상황이었다. 이번 시 생산은 생산팀에서 주도하였고, 나는 생산팀이 문제없

이 생산하도록 공정을 설명하고 도와주는 역할이었다. 그러나 치 박사(Dr. Qi)는 "무슨 일이 있어도 시 생산 과정을 확인하고 감독해야 한다."라고 강조했고, 나는 그의 말을 '실패하면 모두 내 책임'이라는 의미로 받아들였다. 그로 인해서 나는 더욱더 예민해졌다.

나는 연구소에서 공정을 개발하는 것처럼 모든 단계를 확인하면서 진행하기를 원했고, 생산팀에서는 실제 생산에서와 같이 꼭 필요한 단계만 확인하기를 원했다. 본 생산에서는 연구하는 것처럼 모든 단계를 확인하고 갈 수 없기 때문이었다. 이번 일은 나와 생산팀, QC팀의 입장이 서로 달라 시작도 하기 전부터 문제가 발생하여 걱정이 되었다.

나는 유니젠에 들어와서 매년 서번트리더십 교육을 받았었다. 교육을 받고 나서는 항상 남의 입장에서 한 번 더 생각하고, 내가 먼저 행동해야 한다고 생각하지만 막상 이런 문제가 발생하면 내 주장을 강하게 내세웠다. 그리고 내 주장을 다른 사람들에게 이해시키기 위해서 공부했다. 보통 책을 읽고 공부하는 것은 내 잘못을 찾아내서 바로잡기 위한 것인데, 나는 내 생각을 이해시키기 위해 공부를 한 것이다.

그런데 유재호 팀장님은 달랐다. 이 프로젝트의 권한과 책임은 생산팀에 있기 때문에, 팀장님이 원하는 방향으로 진행하면 되었다. 그럼에도 팀장님은 융합적 사고를 하시듯 담당자의

의견을 존중하면서 하나의 결론으로 이끌어 내었다. 그런 모습을 보면서 '나는 아직도 많이 부족하구나!' 하는 생각이 들었다.

그러고 나서 8월 초, 우리는 전남 구례에 있는 '맑은물농장'으로 가서 시 생산을 시작했다. 생산팀은 하루 일찍 내려가서 기기를 세척하였다. 미생물 오염은 생산에 큰 문제를 일으키기 때문에 기기 세척은 매우 중요한 일이었다. 나는 내가 의도한 바는 아니었지만, 생산팀의 기기 세척을 점검하는 입장이 되었다. 그런데 이 일은 생산팀 입장에서는 기분 나쁘게 받아들일 수 있는 상황이었다. 왜냐하면 생산에 관한한 생산팀원들이 나보다 더 전문가였기 때문이다. 그런데 유 팀장님은 이런 말씀을 하셨다.

"이런 일은 우리 쪽에서 열심히 했지만, 못 살피고 지나친 부분이 있을 수 있기 때문에 교차 확인하는 과정이 필요하다."

유 팀장님의 말씀은 내 마음을 편하게 해주었다. 만약 팀장님이 불편한 내색을 보였다면, 점검이 내 일이기는 하지만 자세히 확인하기 힘들었을 수도 있었기 때문이다.

이렇게 해서 점검을 마친 후 우리는 다 같이 힘을 모아 추출을 시작했고, 그날의 작업을 아무 문제없이 무사히 마칠 수 있었다. 그러나 문제는 다음날 발생했다. 작업 계획을 아침 6시로 잡았는데, 맑은물농장 직원이 늦게 출근한 것이었다. 그런 상황에서 나라면 문제를 해결하기보다는 맑은물농장 사장에게

화를 내며 다그쳤을 것이다. 그러나 유재호 팀장님은 발생한 문제를 빨리 처리한 후 작업 시간의 중요성과 시간이 늦어져서 발생한 문제에 대해 설명하였고, 앞으로 같이 작업하는 동안 이런 문제가 또 다시 발생하지 않도록 교육했다. 또한 우리는 맑은물농장 직원이 늦지 않도록 불편하지만 함께 합숙을 하여 같은 문제가 발생하지 않도록 미연에 방지했다.

흔히 이런 상황에서 우리는 갑과 을의 관계를 생각한다. 그래서 갑은 을에게 명령하고 복종하기를 원한다. 그런데 이번 생산 과정에서는 상하관계가 아닌 수평적 관계에서 같은 회사의 팀원처럼 마음을 합쳐 일할 수 있었으며, 그 결과 시 생산도 성공적으로 끝낼 수 있었다.

2012년 8월, 한여름의 무더위가 우리의 몸을 지치게 만들었지만 모두가 함께해서 만든 결과였기에 그 어느 때보다 행복하고 즐거웠다.

이보수 :: 유니젠 천연물연구팀

단결된 힘에서 느끼는 행복

행복은 오직 사람의 욕심 때문에 추구할 수 있고, 현재 무슨 일을 하든지 가질 수 없는 것, 또는 현재에 대한 불만이나 원하는 것을 느낄 수 있어야 희망을 가지고 노력하면서 행복을 추구한다고 한다. 지난 시간을 생각해 보면 순간순간 걱정과 불안, 그리고 불만스러웠던 상황이 많았고, 그때마다 희망을 가지고 노력하면서 그 당시에는 몰랐지만 크고 작은 행복을 무수히 느꼈고, 그에 따른 그리움이 동반되는 것 같다. 그중에서도 업무상 힘은 들었지만 에코넷 사람들이 서로 자신의 이익을 조금씩 버리고 함께 일구어 낸 유니베스틴 케이의 개별 인정 승인을 받았을 때가 개인적으로 가장 기억에 남는다.

2003년, 건강기능식품법이 시행되고 나서 회사들이 앞 다

투어 고시형 제품과 차별화 되는 개별 인정 제품을 개발하여 회사의 우수성 및 신규 원료를 개발하여 시장을 선점하려고 집중했다. 이런 상황에서 에코넷도 각 사별로 개별 인정을 받기 위해 자체적으로 법률을 해석하고, 그에 따른 연구에 역량을 쏟아 부었다. 하지만 초창기에는 건강기능식품법에 대한 지식이 없는 상황에서 각 사별로 회사의 이익 및 일정을 내세움과 동시에 업무 비밀이라고 하여 서로의 업무와 정보를 공유하지 않아 배가 산으로 가는 형국이었다.

이때 조태형 사장님을 필두로 하여 에코넷 3사가 TFT팀을 구성하여 정기적인 미팅을 갖고, 건강기능식품법에 대한 이해의 시간을 가짐과 동시에 각 사가 개별적으로 진행하는 것이 아닌, 에코넷 차원에서 개별 인정 식품을 개발하기 위해 적응증 검토부터 새롭게 진행하게 되었다. 그리고 기존 유니베라 제품군에 없었던 관절 기능 개선이 1차 타깃으로 결정되었다.

또한 각 사의 성격에 맞게 유니베라에서는 시장 조사 및 제품의 콘셉트, 그리고 마케팅 포인트를 찾기 위해 노력하였고, 유니젠에서는 원료에 대한 효능 및 기준 규격 연구를, 네이처텍에서는 완제품에 대한 제형 연구와 기준 규격 연구 등에 주력하기로 했다. 그 당시 유니베라의 신제품 출시 일정과 식약청 인허가 일정 사이에 큰 차이가 있어서 3사 간의 업무 일정이 순차적으로 진행되지 못하고 있었다.

게다가 동시 다발적으로 진행되어 여러 가지 크고 작은 문제점이 도출되었고, 초기에는 각 회사가 서로 업무상의 책임을 피하려고 다른 회사에서 실수할 경우 선행 업무의 완료 없이는 진행할 수 없다며 서로를 견제하고 책임을 미루기 일쑤였다. 심지어 '폭탄 돌리기'라는 말까지 나올 정도였다. 어떻게 보면 성격이 다른 3사가 모여서 업무를 처음 진행하다 보니 당연한 일인지도 몰랐다.

하지만 회의가 거듭되며 여러 가지 문제를 해결하다 보니, 어느 순간부터는 각 회사가 맡은 업무에서 문제가 발생하더라도 숨기지 않았고, 문제 해결의 방안을 찾기 위해 공론화하는 등 협력 체제가 자리를 잡아 가기 시작했다. 또한 어느 한 회사에서 맡은 업무가 일정에 영향을 미칠 것 같으면 다른 회사에서 일정을 앞당길 수 있는 부분을 찾아 빠르게 진행하고자 노력했다. 즉 교육에서 배운 리스크Risk 관리를 적용하면서 업무를 진행한 것이다. 그 결과 식약청으로부터 '유니베스틴 케이'를 인정받아 '리제니케어 케이'로 제품화할 수 있었다.

유니베라, 네이처텍, 그리고 유니젠은 각각 다른 지역에 있고, 성격이 다른 회사지만 '에코넷'이라는 이름 아래 각 사의 장점을 살려 유기적으로 상호 보완하면서 하나의 프로젝트를 성공적으로 수행했다고 생각한다. 그리고 다 함께 고생하여 프로젝트를 성공적으로 완수했다는 행복감에 더해 에코넷 3사가

함께 협력하여 성공했다는 점에서 행복은 배가 되었다. 당시에는 힘들다는 생각밖에 들지 않았지만, 지금에 와서 다시 그리워지는 이유는 그때의 행복감 때문인 것 같다. 아마도 회사로부터 보너스를 받았더라면 행복지수는 더 올라갔을 것이다.

지금은 에코넷 차원에서 유니젠, 유니베라, 그리고 네이처텍이 함께 모여 정보를 공유하면서 프로젝트를 진행하는 경우가 드물고, 사람도 많이 바뀌어서 '그때와 같은 상황이 다시 온다면 어떻게 될까?' 하는 생각이 들지만, 전례가 있기 때문에 그 당시의 경험을 살려 각 사의 이익을 조금만 버리고 하나의 목표를 향해 나아간다면, 그때보다 더 빠르고 편하게 일할 수 있을 것이라는 확신이 든다.

이영철 :: 유니젠 생리활성검정팀

사랑해요~ 에코넷

유니젠에 입사하여 벌써 7년이 지났다. 엊그제 입사한 것 같은데, 시간이 순식간에 흘러가 버렸다. 유니젠에 입사한 뒤로 회사에 대한 자부심이 높았기 때문에, 남들 앞에서 당당하게 회사의 비전이나 에코넷의 기업 문화에 대해 자주 말하곤 했다. 내 이야기를 들은 사람들 대부분은 좋은 회사라며 서슴없이 칭찬해 주었다. 에코넷 계열 회사인 유니베라의 광고가 나오거나 도시 건물에 내걸린 광고를 본 친구와 지인들은 내가 생각난다며 안부를 묻곤 한다. 심지어 만난 지 오래된 친구에게서도 연락이 올 정도다. 나는 그럴 때마다 자부심이 느껴지고 당당해진다.

회사의 이미지가 곧 나의 이미지가 되었다. 그리고 더욱

내 자신의 행동을 한 번 더 생각해 본다. 남에게 피해를 주는 것은 없는지, 말실수를 하지는 않았는지 더욱더 겸손해지려고 노력한다. 나뿐만 아니라 에코넷에서 일하시는 모든 분들도 이렇게 생각하실 것이다. '회사를 사랑하는 것이 곧 나를 사랑하는 것'으로 자연스럽게 몸에 배어버린다. 그러면서 일의 대한 성과나 능률도 올라가게 된다.

UP님들이 우리 회사를 견학하러 오실 때마다 느끼는 건데, 그분들 역시 항상 밝게 웃으시면서 회사 내, 외부를 둘러보시며 흐뭇해하시는 모습을 보게 된다. 아마 견학을 마치고 집에 돌아가면 견학한 내용을 자랑스럽게 이야기하실 것이다. 또한 그분들도 유니젠의 일원이 된 것처럼 한마음으로 생각하고 느끼시지 않을까 생각된다. 관계사이긴 하지만 한 가족인 에코네시안처럼 말이다.

나 또한 에코넷의 일원으로서 생활하고 행동한다. 지방 출장을 가서 유니베라 대리점을 보게 되면 너무 반가운 마음에 안으로 들어가서 인사라도 하고 싶은 생각이 든다. 그러면 반갑게 인사하면서 따뜻하게 대해 줄 것만 같다. 나 또한 그분들이 우리 회사에 오면 반가운 마음으로 따뜻하게 대해 줄 것이다.

신문에 광고가 나오거나 인터넷에 에코넷에 관련된 기사가 오르면 가장 먼저 보게 된다. 좋은 내용이면 기뻐하고, 좋지 않은 내용이면 대안은 없는지 고민하게 된다. 에코넷에서는 지

금 어떤 일을 하고 있고, 어떤 결과가 나오는지 궁금하다. 그분들도 유니젠을 궁금해 하실 것이고, 유니젠이 더욱더 큰 성과를 이루어 발전하기를 기대할 것이다.

행복은 혼자만으로는 느끼지 못한다. 혼자서 어떻게 행복할 수 있겠는가? 나는 개인이 아닌 한 가족으로서 함께할 수 있는 기업 네트워크인 에코넷에 감사하며, 나에게 든든한 힘이자 안식처가 되어 주는 에코넷이 있기에 행복하다.

임경진 :: 유니젠 생산팀

불 들어 왔다!

2006년 여름, 몸도 마음도 뜨거웠다.

유니젠이 준공 이후 4년여 만에 대대적인 손님맞이 공사에 들어갔기 때문이다. 이름 하여 '대 방문객 이미지 개선 프로젝트'였다. 대부분의 공사가 그러하듯 저마다 원하는 것을 통합하여 전문가에게 자문을 구한다. 그런 다음 스케치해서 도면으로 만들고, 그것을 토대로 일이 진행된다.

이번 프로젝트는 각 팀에 있는 콘텐츠를 수집한 후 그것을 통합하여 이미지를 도출하고, 도출된 이미지를 시각적, 실용적, 예술적으로 형상화해서 각 팀과 유니젠을 표현할 수 있는 작품을 만들어 내는 것이었다. 이를 위해 각 팀에서 1명씩 선정하여 수시로 만나서 토론하고 자료를 찾아내고, 수집하여 조금

씩 자료가 쌓일 무렵 두 가지의 폭탄과 같은 내용이 전달되었다. 그중 하나는 '지하 아트리움 광장의 옹벽을 뚫어 출입문을 만드는 것'이었고, 다른 하나는 '어떤 일이 있어도 2006년 9월 1일에 준공 개관식을 한다는 것'이었다.

이제 겨우 윤곽을 잡은 정도이고, 장마철인 7월과 8월 단 두 달 안에 가능할까? 두께 30센티미터의 철근 콘크리트로 된 육중한 지하 옹벽을 어떻게 진동 없이 뚫을 수 있을까? 자칫 공사 중 충격으로 상부의 거대한 유리가 붕괴된다면? 이런저런 걱정과 의구심이 모두의 어깨를 묵직하게 누르고 있었다. 그러면서도 나도 모르게 지하 터널이 뚫렸을 때를 상상하고 있었다. 이젠 모두가 머뭇거릴 시간이 없었다.

각자의 탁상 캘린더에 'D-day' 날짜를 8월 30일로 표시해 놓았다. 각자 자신에게 주어진 일에 전력을 다하며 하루하루 박차를 가하던 7월 어느 날, 공사를 맡고 있는 현장소장의 전화를 받았다.

"여보세요! 여보세요!"

잠시 침묵이 흐르더니 현장소장의 짧은 외마디 소리가 들렸다.

"무너졌시유!"

순간 가슴이 철렁 내려앉으면서 머릿속이 백짓장처럼 하얘졌다. 재빨리 정신을 차리고 다급하게 물었다.

"여보세요! 소장님! 어디요?"

"절개한 부분의 토사가 무너졌시유!"

나는 안도의 긴 한숨을 내쉬었다. 출입문을 내기 위해 파놓은 부분이 쏟아지는 폭우에 무너져 내린 것이다. 천만다행이 아닐 수 없었다. 그 순간 나는 지하 아트리움 광장 지붕의 유리를 생각했었다. 장비가 들어올 수 없었기 때문에, 진흙 범벅이 된 토사를 일일이 마대자루에 퍼 담아 나흘을 꼬박 퍼내자 드디어 맨 밑바닥이 보였다. "야호~" 땀과 흙으로 범벅이 된 인부들이 서로 미소를 지으며 그동안의 고단함을 위로하고 격려하면서 그 뜨거운 여름의 하루를 보내고 있었다.

지하 통로 팀과 내부 인테리어 팀은 개관 일정을 맞추려고 밤낮으로 뛰어다녔다. 드디어 하나 둘 스케치로만 존재했던 형상들이 곳곳에 채워지고, 다듬어지고, 바뀌어 가면서 건물 전체가 마치 살아있는 생명체처럼 생기가 돌기 시작했다. 이제 얼마 남지 않았다. 숨 가쁘게 달려온 시간에 화답이라도 하듯 로비에 자리 잡은 거대한 천연물 약초 진열장이 그 모습을 갖추었다. 지하 통로 팀도 서서히 마무리 작업에 들어갔다.

그 무렵 또 다른 문제가 발생했다. 1,500여 칸의 진열장을 채울 약초와 진열용 병을 구하는 일과 진열하는 작업이 남은 것이다. 남은 시간은 10여 일에 불과했다. 우리는 다시 머리를 맞댔다. 약초는 천연물 팀에서 준비했으며, 부족한 약초는 인

근 산에서 채취하였다. 약초 담을 병은 모양과 크기에 따라 10여 종을 준비해야 했는데, 시간이 어찌나 빠르게 흐르는지 마음만 분주했다.

시간을 잡아 두고 싶은 우리의 간절한 마음을 아는지 모르는지 어느새 개관이 3일 후로 다가왔다. 전 임직원이 늦은 밤까지 병에 약초를 담고 또 담아감에 따라 진열장은 우리의 꿈으로 채워지듯 하나씩 제 모습을 갖추기 시작했다. 시간이 갈수록 임직원들의 눈꺼풀도 무거워지기 시작했다. 이를 애써 감추며 서로의 어깨를 주물러 주었고, 임원들의 격려와 야참으로 허기와 피곤함을 잊었다. 그렇게 마주 앉아 서로를 바라보며 웃는 직원들의 모습을 보면서 생각했다. 우리는 무엇이든 해낼 수 있는 사람들로 똘똘 뭉쳐져 있다는 것을, 그리고 바로 이것이 유니젠만의 힘이라는 것을 말이다.

드디어 개관 하루 전, 아직 여기저기 할 일이 수북한데도 눈이 감긴다. 모두 녹초가 되었다. 여기를 가도 저기를 가도, 다들 지쳐서 복도와 로비 바닥, 테이블에 엎드려 쓰러져 있었다. 아직 나무로 된 주차 팻말에 글씨도 새겨야 하고, 조경 팻말도 꽂아야 한다며 입으로 중얼거리면서 '기획 창작 공간 산방'의 이경복 소장, 공사를 맡은 '인텍아이디'의 안 차장, 그리고 나 세 명이 2층 동물실 앞 복도에 앉아서 스르르 잠이 들고 말았다.

얼마를 잤을까? 잠시 눈을 붙이고 일어나 시계를 보니 새벽 5시. 적막한 새벽, 외부를 둘러보러 주차장 쪽으로 가보니 이게 웬일인가! 나무로 된 주차 안내 팻말에 장애인용, 지정석 등이 새겨져 있어야 하는데 하나같이 '주차 금지', 여기도 저기도 다 '주차 금지', 눈을 부비고 다시 봐도 전부가 '주차 금지' 팻말뿐이었다. 큰일이다! 시간이 없는데, 다른 할 일도 많은데 이를 어쩐다! 잠시 생각에 잠겼다. 문득 전기 공사용 절연 테이프가 생각났다. 우리는 즉시 테이프를 가져다가 자르고 붙이고

했지만, 잘 붙지를 않았다. 이제는 그 위에 스카치테이프로 칭칭 감고, 검은 종이를 오려 본드를 칠해 붙이는 등 정신없이 매달렸지만 이미 시간은 흘러 7시를 넘어가고 있었다.

로비와 아트리움 광장은 청소하느라 정신이 없었다.

"여기요!" "저기요!" "전기는 어디서 켜요?" "이거는요?" "저거는요?"

이리저리 뛰다 보니 어느새 시간이 됐다. 지하 광장에 테이블이 놓여지고, 대강당에 무대가 만들어지고, 옹벽을 뚫어 만든 곳은 커팅 천으로 가려지고, 그 앞에 단상이 만들어졌다. 내외 귀빈들이 단상 앞으로 모여들고, 사회자의 목소리가 들린다. 그리고 총괄사장님의 축사가 시작되는데, 커팅 천 뒤에서 다급하게 외치는 소리가 들려왔다.

"불! 불이 안 들어와요!"

아뿔싸! 이를 어쩌나! 그 무더운 여름을 이겨내며 오직 이 날을 위해 달려왔는데, "이런!" 하는 탄식의 외마디가 나도 모르게 입 밖으로 튀어나왔다. 제발 축사를 길게 해주시기를 마음속으로 빌며 커팅 천 뒤에서 전등을 해체하기 시작했다. 입술이 바짝바짝 마르고, 금방이라도 가려진 천이 벗겨질 것 같아 가슴이 진정되지 않았다. 모두가 숨을 죽인 채 행여나 천이 벗겨질까 슬쩍 흰 천을 움켜쥐고는 전등이 켜지기만을 간절히 바랐다.

점점 시간은 흐르고, 밀려오는 졸음 섞인 두 눈이 힘없이 바닥을 향하면서 '이제는 안 되겠구나!' 하고 마음을 닫으려 할 때 누군가가 외치는 소리가 들려왔다.

"들어왔다! 들어왔어요! 불, 불이 들어왔어요!"

순간 고개를 번쩍 들어보니, 정말로 불이 들어왔다. 그때까지 애간장을 태웠던 원수 같던 전등이 아무 일 없었다는 듯 환하게 불을 밝히고 있었다. 우리는 잠시 그 불빛을 주시했다. 정말 이 세상의 그 어떤 불빛보다도 황홀하고 찬란한 불빛이었다. 우리는 누구랄 것도 없이 서로 얼싸안고 어깨를 다독거렸고, 나도 모르게 눈물이 핑 돌았다. 그리고 '우리가 해냈구나!' 하는 안도감과 함께 피곤이 몰려왔다. 가려진 커팅 천이 벗겨지면서 "와~" 하는 소리와 함께 박수 소리와 웃음소리가 들리더니 점점 멀어져 갔다.

행사가 끝나고 숙소로 돌아와 쓰러지듯 엎어진 채 나도 모르게 잔잔한 웃음이 흘러나왔다. 그러고는 '됐어, 이제 됐어!' 하는 안도감으로 그날 밤을 보냈다.

이 일을 하는 동안 나는 참 행복했다. 몸은 고단했어도 일에 대한 즐거움을 알았고, 자신감을 얻은 프로젝트였다. 구석구석 전 임직원의 손때가 묻어 만들어진 약초 진열장은 방문객들에게 큰 자랑거리가 되었고, 우리 모두를 하나가 되게 만들었고, 각자의 마음에 잊지 못할 자긍심으로 자리매김 되었다고

생각한다.

무언가에 몰두했다고 항상 좋은 결과를 얻을 수는 없겠지만, 젊은 날 지쳐 쓰러질 때까지 한번 해본다는 것은 자신의 삶에서 가장 행복한 추억으로 남을 수 있지 않을까 싶다.

임상득 :: 유니젠 관리팀

북두 콩이 가져다 준 행복

사내 커플인 나와 남편의 퇴근길 손에 유니젠 종이 가방이 하나씩 들려 있었다. 그 안에 북두 콩을 담아 집으로 가져가던 길이었다. 남편은 집에 도착하자마자 시어머니에게 종이 가방을 건네며 이렇게 말했다.

"엄니, 드셔 보세유~. 러시아 콩이유~."

우리 부부는 시어머니께 러시아산 콩도 먹어 보고 호강한다며 너스레를 떨었다. 그러다가 맞벌이를 한다는 핑계로 집안 살림에 관심이 없던 나는 콩의 존재를 어느새 잊어버렸다.

그 후 출산을 하고, 세상에서 가~장 잘생긴 아들을 품에 안고 집으로 돌아왔다. 시어머니는 며느리 몸조리를 위해 이것저것 반찬을 만들어 미역국과 함께 상을 차려 주셨다. 그런 반

찬 중에 콩나물이 있었는데, 모양이 그다지 예쁘지 않은 것을 보니 시장이나 마트에서 사 오신 것 같지는 않았다. 알고 보니 시어머니께서 북두 콩을 콩나물로 키운 것이란다.

북두 콩을 콩나물로 키운 것이 너무 재미있어서 시어머니께 여쭤 보니, 부엌 한 귀퉁이에 놓여 있는 작은 통 하나를 보여주셨다. 세상에 그 안에 콩나물이 빽빽이 자라고 있는 게 아닌가! 그 콩나물로 국도 끓이고, 나물도 무쳐서 반찬으로 내놓으신 것이었다.

그리고 얼마 전 시어머니가 아파트 근처의 작은 텃밭에서 키운 콩이라며 콩깍지를 잔뜩 집으로 가져오셔서 까고 계셨다. 아이까지 키우면서 직장생활을 하다 보니 텃밭이나 살림에 통 신경을 안 써서 시어머니가 콩을 키우는 지도 모르고 있었던 것이다. 그런 나를 무심히 바라보시던 시어머니가 이렇게 말씀하셨다.

"이거 너희들이 가져온 콩으로 키운 거란다."

"설마 그 러시아 콩은 아니죠?"라고 물었더니, 바로 그 콩이 맞다고 대답하셨다.

러시아 콩 두 박스로 콩나물은 물론 콩을 심고, 텃밭에 키우신 능력자 울 시엄니!

그날 저녁, 우리 식구는 그 콩으로 맛있는 밥을 해먹었고, 북두 콩 이야기로 즐거운 시간을 보냈다.

누구에게는 그냥 회사에서 나눠 준 콩 한 박스가 되었을 수도 있겠지만, 우리 가족에게는 콩나물로 변신하였고, 다시 몇 배의 양으로 불어나 맛있는 밥상을 차렸으며, 풍성한 이야기 거리를 만들어 주었다. 북두 콩은 우리 가족에게 일상의 작은 행복을 가져다 준 고마운 존재로 남아 있다.

장미라 :: 유니젠 경영지원팀

지금 이 순간의 행복을 위해

2012년은 저에게 너무나 행복한 한 해였습니다. 2006년 이후 홀로 한국에 유학을 온 지 어느덧 7년째입니다. 7년 동안 힘든 일도 많았고, 기쁜 일도 많았습니다. 방학 때마다 다양한 아르바이트를 하며 힘들었지만, 무엇보다 부모님의 부담을 덜어 드릴 수 있어서 좋았습니다. 한국어를 1년 6개월 배우고 나서 한양대학교 식품영양학과로 편입하는 데 성공했습니다.

처음엔 그저 욕심내지 말고 졸업이나 할 수 있으면 좋겠다고 생각했습니다. 하지만 대학교에 입학해서 제가 바라던 공부를 하면서부터 욕심이 생기기 시작했습니다. 처음에는 문과 계열이었던 제가 단어 뜻조차 모르는 생리학, 난생 처음으로 유기화학을 접하니 어렵고 낯설기만 했습니다. 하지만 제가 원하

던 공부였고, 욕심이 생겼기에 열심히 노력하여 수석을 차지한 적도 있습니다.

대학에서 마지막 학기를 보낼 무렵, 유니젠으로 아르바이트를 나오게 되었습니다. 오기 전에는 설렘 반 두려움 반이었습니다. 차가운 겨울, 서울에서 버스를 타고 오창과학단지로 향하는 버스를 탔습니다. 회사를 들어가면 어떻게든 잘할 수 있을 거라는 생각만 했던 것 같습니다.

처음 회사에 도착했을 때 유니젠은 너무 멋있었고, 1층 로비에 놓여 있는 전 세계에서 수집해 온 수많은 식물들을 보고 반했습니다. 자체 개발한 건강식품 원료로 사람들을 행복하고 건강하게 만드는 곳, 여기가 바로 내가 어렸을 때부터 꿈꿔 왔던 회사였습니다.

처음 일을 시작할 때는 완전 '실수투성이'였습니다. 지금 생각해 보면 김미란 차장님께서 정말 고생이 많으셨습니다. 일뿐만 아니라 생활 각 면에서도 저를 잘 챙겨 준 김미란 차장님과 우리 팀의 다른 분들도 저를 너그럽게 봐주셔서 2개월의 아르바이트 기간이 끝난 후에도 계속 일하면서 대학원 2년을 보냈습니다. 매주 새벽에 서울로 올라가 수업을 듣고, 밤에 내려와 늦은 시간에 혼자 콜벤을 탄다고 걱정해 주신 미란 차장님과 미선 과장님께서 늦은 시간에도 늘 저를 태우러 오셨습니다. 이렇게 좋은 분과 함께 일할 수 있는 제가 정말로 행복한

사람이라는 것을 깊이 느꼈습니다.

많은 분들의 도움과 힘을 얻어 8월에 대학원을 졸업했습니다. 저의 어머님에게 석사 가운을 입혀 드리는 순간, 저와 어머니는 눈시울이 붉어졌습니다. 저희 어머니께 회사를 구경시켜드리면서 '자연의 혜택을 인류에게' 전하려는 회사의 철학에 대해서도 설명해드렸고, 이처럼 좋은 회사에서 좋은 일을 하고 있는 저를 자랑스럽게 보여드렸습니다. 그 순간 너무나도 힘들었던 유학생활이 떠올랐습니다. 밤늦도록 혼자 도서관에 남아 공부했던 일, 여름방학 때 한여름의 무더위와 싸우며 분식집에서 야간 아르바이트를 했던 일, 유니젠에 들어와서 좋아하는 일을 한 것들까지 머릿속에 떠올랐습니다.

그동안 힘들었던 것, 서운했던 것들은 모두 잊으려고 합니다. 서른 살이 된 이제부터는 부모님에게 용돈을 받지 않고 혼자 힘으로 하고 싶은 일을 하면서 효도를 할 수 있게 되었습니다.

지금 이 순간, 저는 너무 행복합니다. 지금 이 순간을 위해 노력하는 것도 너무 행복합니다. 또한 주변 사람을 행복하게 해줄 수 있는 자체가 저에게는 가장 큰 행복입니다.

장하늘 :: 유니젠 천연물연구팀

친구 같은 동료들

2007년 1월 22일에 입사하여 올해로 5년하고도 10개월이 지나간다. 에코넷에서의 지난 시간을 돌이켜 보면, 그렇게 얻기 힘들다던 사랑하는 두 딸을 얻었고, 집도 조금 넓혀 이사를 했다. 이렇게 행복한 가정을 꾸리면서 행복을 키울 수 있었던 것은 아내의 헌신 덕분이기도 했지만, 회사의 역할 또한 중요했다고 생각한다. 회사는 직원들이 가정을 유지하는 데 단지 돈만 지급하는 역할을 넘어 일을 통해서 개인의 행복과 성취를 이룰 수 있는 중요한 장소이기도 하다.

그렇다면 우리가 회사에서 생활하는 시간은 얼마나 되는지 생각해 보자. 회사에서 머무는 시간이 가정보다 많다고 해서 회사가 더 중요하다는 말은 아니다. 회사 역시 가정만큼 중

요하다는 말을 하고 싶다. 그렇기에 "회사에서 즐거우면 가정에서도 즐겁다."라는 말이 생겨나지 않았을까? 이런 말을 처음 들어보는 분도 많을 것이다. 왜냐하면 다른 누군가가 한 말이 아니라 지금 내가 한 말이기 때문이다.

가정만큼이나 중요한 회사 생활을 즐겁게 보내는 데 윤활유 역할을 하는 것은 바로 친구 같은 회사 동료라고 생각한다. 나 역시 회사에 네 명의 친구가 있다. 1977년생 뱀띠 모임, 일명 'F4'이다. 다른 사람들은 F4를 '폐인 네 명'이라며 싫지 않은 관심을 보이지만, 이들이 있기에 나의 회사 생활은 언제나 향이 깊은 맛있는 커피를 마시는 기분이다. 이들과 함께하는 회사 주변으로의 산책, 쌈짓돈을 털어 찾아가는 맛집, 점심 후의 커피 한 잔 등 이런 소소한 일들이 나로 하여금 행복감에 빠져들게 만든다.

회사 생활을 하다 보면 힘들고 외로움이 밀려올 때도 있지만, 언제나 나와 함께 정을 나누는 친구들이 있어 회사로 향하는 발걸음이 오늘도 가볍고 경쾌하다. 우리는 오늘도 쌈짓돈을 모아 오창에 있는 대구매운탕 집을 찾아 검소한 사치를 즐기려고 한다.

최병일 :: 유니젠 생리활성검정팀

또 다른 엄마

"안녕하십니까? 유니젠을 방문해 주신 UP님들을 진심으로 환영합니다. (^^) 저는 오늘 UP님들의 유니젠 견학을 도와드릴 '최은아'라고 합니다. 잘 부탁드립니다!"

저는 유니젠을 방문하신 UP님들께 우리 회사에 대해 좀 더 자세히 알 수 있도록 설명해 드리고, 회사 곳곳을 소개해 드리는 일을 담당하고 있습니다.

어느덧 견학 담당 업무를 맡은 지 4년이 되었습니다. 참으로 많은 UP님들께서 유니젠을 다녀가셨고, 그 과정에서 많은 일들이 있었습니다. 저의 부족한 부분에 대해 진심 어린 충고를 해주셨을 때는 마음이 약해져 눈물을 보인 적도 있고, 잘한다는 칭찬 한마디에 하루를 즐겁게 보낸 적도 있었습니다.

2년 전쯤이었던 것으로 기억됩니다. 그날도 어김없이 많은 UP님들께서 유니젠을 방문하셨습니다. 저는 평소와 마찬가지로 인사를 드리고, UP님들과 함께 약초원과 연구소를 둘러보고 있었습니다. 그런데 그날따라 장거리 이동에 많이 힘드셨는지 대부분의 UP님들이 무관심한 표정으로 저를 따라다니셨고, 제가 드리는 질문에 대해서도 아무런 반응을 보이지 않았습니다. 단 한 분을 제외하고 말입니다.

맨 앞에서 저를 따라오시는 UP님께서 너무나도 초롱초롱한 눈빛으로 저를 바라보시면서 이동하시는 것이었습니다. 살짝 부담스러움이 느껴질 정도로 말이죠. (^^) 시종일관 밝고 경쾌한 표정으로 뒤따르는 UP님들을 격려하시면서 이동하시는 모습을 보고 참으로 열정적이신 분이라는 생각을 갖게 되었습니다. 그때는 그냥 그런 분이라고 생각했습니다.

그날의 견학이 모두 끝난 후 UP님들에게 잠시 자유 시간이 주어졌고, 멀찌감치 서서 UP님들의 모습을 바라보고 있던 제게 열정적이셨던 그분이 다가와 이렇게 말씀하셨습니다.

"아가씨, 이름이 '은아'라고 했지? 은아 씨, 너무 고생이 많았어요. (^^) 아주머니들을 상대하려니까 힘들지? 은아 씨의 어머니와 같은 분이라고 생각해요. 이 엄마, 저 엄마, 성격이 제 각각인 엄마들이라고 생각하면 마음이 편할 거예요. (^^) 우리는 은아 씨 엄마 또래니까. (^^) 멀리 타지에 나가 있는 내 딸

이랑 비슷한 나이라서 그런지 왠지 마음이 쓰여서 하는 말이야."

그러시면서 제 손을 꼭 잡아주셨습니다. 그때 저는 왜 그랬는지 모르겠습니다. 일면식이라곤 전혀 없던 UP님과 함께 정말 많은 이야기를 나누었습니다. 마치 오랜만에 만난 엄마에게 그동안 하고 싶었던 이야기를 맘껏 풀어 놓는 딸처럼 말이죠. 그리고 버스에 올라타시기 직전까지도 제 손을 꼭 잡으시고는 다음에 또 보자며 따끈따끈한 떡과 녹차 한 잔을 주셨습니다.

그분의 따뜻한 말 한마디, 꼭 잡아 주신 두 손이 저에게는 지금까지도 너무나 큰 감동으로 자리 잡고 있습니다. 그분의 작은 말 한마디가 저에게 이 일을 4년째 할 수 있도록 만든 원동력이 되어 주었고, 제 일에 자부심을 느낄 수 있도록 해준 게 아닌가 싶습니다.

최은아 :: 유니젠 경영지원팀

공동의 목표에서 느끼는 행복

에코넷 가족이 된 지도 3년이 되어 간다. 에코넷의 일원이 된 이후로 예전에 느끼지 못했던 새로운 행복은 '자연의 혜택을 인류에게'라는 한 가지 목표를 향해 함께 노력하는 가족사家族社가 있다는 것이다.

에코넷의 일원이 되기 전까지 나에게는 학업과 연구에 매진하던 오랜 학창 시절이 있었고, 또한 신약 연구를 하는 R&D 전문 기업에서 일하던 시절도 있었다. 학교에서는 지도 교수나 책임자와 함께 일을 진행하긴 했지만, 주로 나 혼자의 노력이 연구 논문이나 업적으로 결실을 맺는 일들이 많았다. 그리고 R&D 전문 기업에서의 업무는 팀으로 이루어지긴 했지만, 그래도 작은 기업 안에서 이루어졌던 사람들과의 관계

들이 많았다.

2009년 12월, 에코넷에 처음 발을 들여놓았을 때, 유니젠에 속해 있지만 에코넷의 최종 목표를 위하여 유니베라와 네이처텍, 그리고 알로콥과의 긴밀한 유대 관계는 그동안 내가 경험하지 못했던 형제 회사에서만이 느낄 수 있었던 '따뜻함'이라던가 '공동체 의식'을 갖게 해주었다. 그중에서도 가장 기억에 남는 것은 2010년 3월에 처음으로 참여한 에코넷의 R&D 마케팅 서밋(R&D & Marketing Summit)이었다.

2010년 3월 말, 미국 텍사스 최남단의 멕시코 국경 인근에 위치한 맥칼렌McAllen에서 유니베라, 유니베라_USA, 네이처텍, 알로콥, 그리고 유니젠 등 에코넷 가족사의 연구 인력과 마케팅 인력이 한자리에 모였다. '알로콥 데이'로 명명된 첫날은 연구 인력들이 모두 모여 알로콥의 주요 이슈들을 해결하기 위해 머리를 맞대고 하루 종일 토론에 몰두했다. 그 이후 이틀 동안은 유니베라와 유니젠, 알로콥에서 순차적으로 돌아가며 그동안의 연구 결과를 공유하고 토론하는 시간을 가졌다. 참가자들은 그동안 얼마나 열심히 연구개발을 했는지, 다음 계획은 무엇인지, 서로에게 원하는 것들은 무엇이고, 해줄 수 있는 것은 무엇인지 등을 공유하고 논의하기 위해 각자 준비한 것들을 모두 보여준 유익한 만남이었다.

하나의 공통된 목표를 위하여 가족사 간의 이런 열띤 만남

은 어느 기업에서나 쉽게 볼 수 있는 광경은 아니었다. 더욱이 나에게는 이런 경험이 처음이었기에 에코넷의 일원이 됨으로써 누릴 수 있는 보람과 뿌듯함을 느낄 수 있었다. 정확하게 표현할 수는 없지만, 회사 생활을 하면서 누릴 수 있는 일종의 행복 같은 게 아닐까 싶다.

그밖에 공식적인 미팅 외에도 기억나는 것들은 미팅 장소였던 힐탑가든Hilltop Gardens의 아름다운 전경과 기분 좋을 정도의 습하지 않으면서 따뜻한 3월의 텍사스 기후였다. 특히 어떤 우울증도 날려 보낼 것만 같은 눈부시게 밝은 햇살을 받으며 산책하는 기분은 에코넷 가족이 아니면 경험하기 어려운 행복일 것이다. 또한 엠배시 호텔Embassy Suites Hotel에서 '같은 목표를 공유한' 일행들과 함께 보냈던 시간들도 공동의 목표를 가진 사람들만이 나눌 수 있는 친밀한 교류였다고 생각한다.

그 이후로도 가족사가 있음으로써 느낄 수 있는 연대감이나 뿌듯함에서 오는 행복한 순간들은 다양한 방법으로 여러 차례에 걸쳐 진행되었다. 3사 연구자 워크숍, 창립 기념일 3사 체육대회 등의 행사를 통해서 우리는 한 가족이고, 앞으로도 공동의 목표를 향해 나아가면서 기쁨과 희망을 전해 줄 사람들이라는 것을 알기에, 오늘도 나는 에코넷에서 행복을 마음껏 누리려고 한다.

현유진 :: 유니젠 생리활성검정팀

내가 그들을 이해하는 순간

나와 함께 최종 면접을 봤던 두 사람을 기억한다. 지금의 최병일 과장과 이보수 과장. 이들과의 첫 만남은 이러했다.

그들 중 한 사람이 먼저 말을 걸어 왔다.

"전공이 뭐예요?"

내가 "천연약품학을 전공했어요."라고 대답하자 그가 긴장한 표정으로 말했다.

"그렇구나. 지금 너무 떨리네요."

그 옆에 다른 한 사람은 아무 말이 없었다.

"……."

그의 시선은 15도 위를 향하고 있었다. 머릿속으로 무엇을 생각하는지 긴장한 표정이 역력했다.

이처럼 두 사람의 모습은 확연히 달랐다.

그 후 나는 최종 합격했다는 통지를 받았고, 그때의 기분은 사회로 첫발을 내딛는 내가 처음으로 느낀 성취감이었다. 나중에 알고 보니 면접 때 봤던 그 두 사람도 내 입사 동기가 되어 있었다. 그들과 함께 입사했다는 사실이 기뻤고, 무엇보다 혼자가 아니라는 사실에 마음이 놓였다.

최종 면접 때 말을 걸어 왔던 최병일 과장님은 유니젠 건물 1층의 생리활성검정팀에서 만날 때마다 먼저 인사를 건네며 말을 걸었고, 때로는 자연스럽게 농담도 건넸다. 입사 동기라며 장난스러운 말을 던져도 웃으며 화답하는 분이었다. 유니젠에서 영업을 담당해야 한다는 말을 들을 정도로 입담이 좋고 재미있는 분이었다. 하지만 그의 장난스러운 말투 때문에 상처를 받은 적도 있었다. 그때 내 생각을 솔직하게 표현하는 것이 좋겠다고 판단하여 인적이 드문 실험실로 그를 불러서 이야기했다.

"내가 당신보다 어린 사람이지만, 그런 말투는 기분이 나쁘다. 더 이상 그런 말투로 이야기하지 않았으면 좋겠다."

그가 내 말을 듣고는 곧바로 사과했다.

"지혜 씨 미안해. 잘못했어. 이해해."

이렇게 말하고는 내가 기분 나빴던 것에 대한 언급은 일절 없었다. 그 일이 있은 후에도 그는 어김없이 즐거운 인사와 입

담으로 일터를 행복하게 만들고 있다.

최종 면접 때 긴장한 모습이었던 이보수 과장님. 나와 입사 동기지만 나이도 나보다 많고, 아는 것도 많은 분이었다. 성격도 전혀 달랐다. 경상도 사투리 억양에 다정하기보다는 직설적이고, 조금은 공격적이었다. 그가 맞는 말을 하지만, 그로 인해 가끔은 상처를 받을 때도 있었다. 어느 날, 술자리에서 그동안 마음속에 품고 있었던 말을 해버렸다. 같은 팀에서 일하는 동료로서 마음에 담아 두면 관계가 악화될 것 같았기 때문이다.

"당신은 강한 사람에게는 약하고, 약한 사람에게는 강하다. 아무리 맞는 말일지언정 듣는 사람을 기분 나쁘게 하면 안 된다."

나보다 나이가 많은 사람에게 막말을 해버린 것이다. 그때 그는 이렇게 대꾸했다.

"나보다 윗사람 말은 따르고, 아랫사람은 잘 가르쳐 주어야 한다고 생각한다. 그래야 위계질서가 잡히고, 회사가 잘 돌아간다."

나는 그 순간 생각했다.

'아! 이렇게 생각하고 있는 사람이구나. 이런 생각으로 지금까지 살아왔구나.'

이 일을 계기로 그 사람을 통째로 이해하게 되었다. 그 이

후로는 그가 하는 말과 행동들이 가슴에 와 닿기 시작했다. 왜냐하면 그는 그렇게 생각하기 때문에 그렇게 말하고 행동했던 것이다. 비록 그의 말은 듣기에 따라서는 기분이 나쁠지언정 악의는 없다. 그래서 이제는 오히려 그의 직설적인 화법이 좋다. 언제부터인가 나는 그의 독설을 즐기기 시작했다.

그렇게 함께 보내 온 시간이 벌써 6년이 다 되어 간다. 이제는 그들의 눈짓이나 표정만 봐도 무슨 이야기를 하려는지 짐작이 간다. 내가 그들을 이해하는 순간 그들은 온전히 내 사람이 되었다. 또한 이곳에서 일하는 게 지옥이 아닌 천국이 되었다.

그들과 함께 보내 온 숱한 시간들이, 그리고 그들과 함께 보내게 될 숱한 시간들이 나에게는 행복인 것이다.

황지혜 :: 유니젠 천연물연구팀

나의 행복, 에코넷의 행복

내가 에코네시안이 된 것은 그 자체가 행운이고 감동이다. 지금도 하루하루 감사하며 더 좋은 에코넷을 만들기 위해서 노력하고 있다.

대학에 입학하던 그해부터 생기기 시작한 오른발바닥의 사마귀는 23년간 나를 괴롭힌 가장 큰 고통거리였다. 처음에는 좁쌀만 하던 사마귀가 에코넷에 입사할 무렵에는 발바닥의 1/4까지 퍼져서 걸음을 떼기조차 어려웠다. 그동안 받은 치료만 해도 삼성서울병원에서 수십 차례에 걸친 냉동 치료(영하 196도의 액체 질소를 이용해서 순간적으로 냉동시켜 사마귀를 괴사시키는 치료법으로, 상황에 따라서는 발바닥 전체가 부풀어 올라 며칠 동안 걷지 못할 정도로 상당한 고통이 수반되는 시술이다.)를 받

기도 했다. 또한 전에 근무하던 회사의 대표이사이자 유명한 외과의사였던 분에게 여러 차례에 걸친 외과 수술을 받은 적도 있다. 종국에는 피부과 의사로부터 환부가 너무 넓어 냉동치료와 외과 시술로는 더 이상 나아질 수 없다는 말을 들어야 했다.

그러던 내가 에코넷에 입사하고 나서 유니베라의 '남양 931'을 비롯한 여러 가지 제품을 섭취하면서 예전처럼 병원을 다녔는데, 3개월이 지나면서부터 거짓말처럼 사마귀가 없어졌다. 23년 동안 그 많은 치료를 받았는데 나아지기는커녕 매일 매일 커져만 가던 사마귀가 하루아침에 없어진 것이다. 그 이후로 이런 생각을 하게 되었다.

'그래 맞아! 유니젠이 자연의 혜택을 인류에게 전하겠다는 기업 철학을 나로 하여금 경험하게 한 거야! 내 몸의 면역 체계가 바뀌니까 사마귀가 도망간 것은 아닐까? 천연물을 연구하는 유니젠이 인류 사회에 공헌하는 것은 바로 자연에서 얻은 유용한 성분을 연구 개발하여 인류에게 더 많은 혜택을 주는 것이구나!'

내가 비록 과학자는 아니지만 회사의 살림을 꾸려 가는 임원으로서 '내 소명을 받은 것이 아닐까?' 하는 생각도 갖게 되었다. 그러한 입사 초기의 마음가짐을 되새기면서 유니젠의 비전과 기업 철학을 실현하고자 노력하고 있다.

회사의 임원으로서 느끼는 보람은 새로운 사원들이 입사하는 것과 더불어 회사를 발전시키는 것이다. 2006년 여름에는 11명의 신입사원을 채용했고, 그들이 성장하는 모습을 지켜보면서 큰 보람을 느꼈다. 그런 반면에 2008년에는 한국 유니젠과 미국 유니젠이 하나의 유니젠으로 통합하면서 역할이 중복되는 직원들을 내보낼 때는 마음이 너무 아팠다. 회사의 성장을 이끄는 것이 경영의 핵심임을 다시 한 번 뼈저리게 느끼면서 이러한 상황이 되풀이되지 않도록 해야 한다는 교훈을 절감했다. 그리고 이런 상황을 반복하지 않으려면 과거의 실패를 반면교사로 삼아 더욱더 좋은 회사를 만들어야 한다고 다짐해 본다.

에코넷 구성원들에게 감사해야 할 일이 하나 있다. 예전에 내가 슬픔에 빠졌을 때, 누구보다 먼저 달려와 나를 위로해 주었던 그들의 모습을 잊을 수 없다. 장애를 지닌 채 오랫동안 병마와 싸우던 막내 동생이 세상을 떠났을 때, 조문하러 온 직원들 중 임산부 두 명이 절을 하려고 하여 말리던 일이 생각난다. 그중 한 사람은 이틀 후에 출산했다. 보통의 경우 임산부는 조문을 하지 않는 것이 관례인데, 절까지 하려는 것을 말리기는 했지만 나에게는 큰 감동으로 다가왔다. 그 두 분을 포함하여 모든 분들께 다시 한 번 감사의 인사를 전한다.

유니젠에 근무한다는 사실이 내게는 행운이자 운명적인

만남이라고 생각한다. 이러한 마음가짐으로 에코넷 구성원들의 행복을 더 많이 만들기 위해 노력하고자 한다.

표창민 :: 유니젠 경영지원본부

캐릭터 반창고

"아얏!"

프린트 된 종이를 넘기거나 파일을 정리하다 보면 자칫 손을 베는 일이 참 많다. 그럴 때면 책상 두 번째 서랍에 있는 반창고를 꺼낸다. 너구리 캐릭터, 기린 캐릭터, 열대 지역 새 캐릭터가 올망졸망 그려진 캐릭터 반창고다. 반창고를 붙이면 발랄해 보이는 캐릭터들 때문에 아픈 것도 잊은 채 '피식' 하고 웃음이 나온다.

캐릭터 반창고는 경영지원팀 윤선주 씨에게서 선물로 받았다. 정확히 어떤 이유로 받게 되었는지는 기억나지 않는다. 무언가 내가 잘해 주었을 수도 있고, 혹은 상표권 업무를 인수인계하는 과정에서 가까워졌기에 워낙 살가운 선주 씨 성격상

그냥 지나치지 않았을 수도 있을 것이다. 답례의 성격이든, 먼저 건넨 호의든 '반창고'라는 선물이 가진 메타포가 워낙 따뜻한데다 실생활에서도 매우 유용해서 사용할 때마다 기분이 좋아진다.

"선하 선배님~ 일하시다 손 베고 그러심 붙이세요! 저도 서류를 많이 만지다 보니 손을 많이 베이더라고요. (ㅠ.ㅠ) 제 마음이에요."

반창고 패키지 위에 붙었던 편지는 아직도 책상 위 정리용 상자에 놓여 있다. 일하다 보면 사람들과 서로 잘해보자고 하는 과정에서 생채기가 나게 마련인데, 그럴 때마다 편지를 보면 힘이 나고, 위로를 받게 된다.

그런데 반창고를 선물로 받고 나서 내가 답례를 했던가 싶다. 참 좋아하는 사람인데……. 어쩌다 3층에 볼 일이 생겨 가게 되도 자리에 있나 살피고, 있으면 가서 슬쩍 인사를 건네는 정도밖에 마음을 표현하지 못한 것 같다. 성격상 내 속마음을 적극적으로 표현하지 못한다는 것이 핑계가 될 수 있을까 싶다. 원래 다른 사람의 행동은 현상으로 이해하고, 자기 행동은 동기부터 이해하는 법이라고 한다. 그래도 직접 말로 고마운 마음을 다 표현하기에는 너무 쑥스럽다.

책으로 만들어져 나올 이 글을 보며 선주 씨가 '아 그랬구나!' 하고 기분이 좋아지기를 기대해 본다. 자신이 선물한 반창

고를 아직까지도 소중히 사용하고 있고, 그 마음을 기억하며 힘을 내는 사람이 여기 있다고 알려 주고 싶다. 그리고 선주 씨는 그런 따뜻함을 건넬 수 있는 큰 사람이라는 것을 알려 주고 싶다.

지선하 :: 유니베라 브랜드커뮤니케이션팀

'에코넷 2011' 파이팅!

"여러분, 소개합니다. 유니베라가 제안하는 10대 화장품 '에뚜와' 입니다!"

입사 동기인 나래가 당당하면서도 수줍은 듯 떨리는 목소리로 4주간 노력한 결과를 발표하는 순간이었다. 신입사원들의 재미있으면서도 창의적인 제품 발표가 신기한 듯 참석하신 모든 분들이 호기심 어린 눈빛으로 바라보고 있었다. 무엇보다도 불어인 '에뚜와'는 '별'이라는 뜻이고, 땅 위에 심은 별에서 아이디어를 얻었다는 점에 많은 분들이 공감하셨다.

조별 프로젝트 발표에 참가한 공채 신입사원들의 열정은 4주 교육을 받는 동안, 견학을 가서도 자정이 넘은 시간까지 발표 준비를 하는 모습으로 나타났다. 이처럼 한 달 동안의 '에코

넷 2011 공채 교육'은 입사 동기들과 우정을 나누는 것은 물론, 에코네시안으로서 성장하는 소중한 기회의 시간이었다. 특히 네이처텍 입사자들과 함께 교육을 받았기 때문에, 이후 현장에서 그들과 실무를 진행할 때나 가끔 연락을 주고받을 때 더 애틋하게 다가왔다.

나에게 유니베라는 세 번째 직장이다. 솔직하게 말하면 서른 살의 나이에 공채로, 그것도 신입사원으로 입사하리라고는 생각지도 못했었다. 패기 넘치게 더 큰 꿈을 위해 회사를 옮겨도 보고, 제품 사기도 당하다 보니 벌써 두 번이나 실업급여를 타면서 훌쩍 서른이 되었을 때는 막막하기만 했다. 이루어 놓은 것은 없고, 어디에 입사 지원서를 넣어야 할지 고민하던 중에 '대리점 관리'라는 공모가 눈에 띄어 지원하면서 유니베라와 인연을 맺게 되었다.

입사 지원서를 내기로 결정한 후 기업 정보를 확인하기 위해 홈페이지를 둘러보던 중 유독 호기심이 생긴 것은 농장이었다.

'농장을 운영하는 기업인가? 그렇다면 나는 농장 대리점을 관리하는 것인가?'

이런 상상을 하면서 홈페이지를 보던 중에 농장이 멕시코와 중국에 있다는 것을 알고는 이런 생각을 했었다.

'이야, 나도 외국에서 농사를 지어보는구나!'

하지만 유니베라는 판매 회사이고, 이 모든 것이 '에코넷 시스템'이라는 것을 알고는 신기하다는 생각이 들었다. 재배에서부터 연구, 제조, 판매가 이루어지는 회사, 특히 생산 시설을 가지고 있는 회사라는 점이 내 마음을 사로잡았다. 전에 다녔던 방문판매 회사에서는 연구, 제조 회사로부터 제품 사기를 당해 반 년 가까이 온갖 욕설과 협박을 들으면서 고객들의 항의를 처리하느라 치를 떨 정도로 고생했기 때문이었다.

'그래! 이 회사면 믿고 지원해도 되겠어.'

마음속으로 각오를 다지며 지원했고, 면접을 거쳐 당당히 '에코넷 2011'로 입사하게 되었다. 무엇보다도 개인적으로 힘든 시기를 거쳐 새롭게 도전할 수 있는 기회를 준 에코넷에 감사의 마음을 전하고 싶다. 그리고 각 부서에 흩어져서 각자 자신이 맡은 업무에 최선을 다하고 있을 입사 동기들에게 응원의 마음을 담아 보낸다.

채정현 :: 유니베라 웰니스사업본부 부경팀

당신에게서 배웁니다

길거리 가로수의 짙은 녹음이 살랑살랑 불어오는 가을바람과 함께 새색시의 볼처럼 붉게 물들어 가는 요즘. 지난여름 흘렸던 피와 땀방울이 결실을 맺어 가는 가을 속에서 여느 때처럼 가벼운 발걸음으로 현장으로 향하던 길에서 만난 UP님들과 주고받는 반가운 인사 속에서 유니베라 울타리 안에서 함께하는 즐겁고 반가운 얼굴들이 떠오르는 하루다.

유니베라와의 만남은 올해 5월에 우연히 찾아온 기회로부터 시작되었다. 우연히 찾아온 기회가 필연으로 바뀌는 데는 긴 시간을 필요로 하지 않았다. 특히 입사 후 처음으로 UP님들을 만났던 2012년 웰니스 코치 전진대회는 무척 인상적이었다. 대형 실내 체육관을 가득 메운 UP님들, 그 속에서 뿜어져

나오던 열기는 대학을 갓 졸업한 내 열정만큼이나 뜨거웠다.

UP님들과의 짧고 강렬했던 만남을 뒤로 한 채 첫 발령지인 부산으로 내려와서 만난 UP님들은 더욱 활기 넘치는 에너지를 내뿜고 있었다. UP님들과 함께했던 추억 중에서 가장 기억에 남는 것은 대리점 홍보와 거리 판촉 활동이었다. 판촉에 나서는 우리 모두가 가슴에 띠를 두르고 대리점 앞에 나란히 서서 길거리를 오가는 사람들에게 홍보물을 나누어 주면서 UP님들과의 거리가 더 가까워지고 있음을 느낄 수 있었다. 특히 시종일관 밝은 미소로 홍보하시는 UP님들을 보며 현장에서 겪는 그들의 노고를 조금이나마 알 수 있었고, 그분들의 노고에 절로 머리가 숙여졌다. 그런 노고에 조금이나마 보탬이 되어드리고 싶은 마음에 적극적으로 나서는 내 모습이 예쁘게 보였는지 등을 토닥여 주시는 UP님들 덕분에 오히려 내가 더 큰 힘과 기운을 얻었다.

불과 입사 몇 달 전만 하더라도 수줍고 내성적인 성격 탓에 사람들 앞에서 이야기도 제대로 못하고 얼굴을 붉히던 나였다. 그랬던 내가 예전의 내 모습이 기억조차 나지 않을 정도로 변했다는 사실에 스스로 놀라기도 했다. 하지만 분명한 사실은 점점 더 이 일이 즐거워지고 있다는 점이다. 대리점에서 UP님들과 하이파이브를 나누며 인사하는 것이 정겹고, 사랑한다거나 감사하다고 말하는 게 반갑고, 우리 팀장님이 최고라며 격

려해 주시는 UP님들이 고맙다.

인생을 살아가는 데 길잡이가 되어 줄 스승님이야말로 없어서는 안 될 존재이다. 학창 시절에 길잡이가 되어 주신 선생님, 방황하던 시기에 큰 위로가 되어 준 친구들, 그리고 유니베라 울타리에서 만난 UP님들 덕분에 새로운 인생을 배울 수 있었고, 조금씩 변해 가는 나를 발견할 수 있었다.

앞으로도 이런 인연이 더욱더 깊어져서 내 인생 최고의 보물이 될 날을 바라면서 대리점으로 향하는 오늘도 내 발걸음은 설렘으로 가득하다.

이찬혁 :: 유니베라 웰니스사업본부 중부팀

넥타이를 당겨 매는 이유

“지한아! 이건 네가 좀 봐야 할 것 같아서 보낸다.”

“지난 주, 부산에서 5개월 된 신입사원과 하루를 보내면서 그의 실력, 공력, 그리고 통력에 감동! 일한다는 것, 바로 이런 희망 때문에 오늘도 넥타이를 댕겨 매는 것 아닐까요?”

이병훈 총괄사장님께서 페이스북에 올리신 글인데, 이 글을 확인한 채정현 선배님이 보여주었습니다.

현장을 마음으로 느껴 보시고자 대리점을 방문하고 계시는 총괄사장님께서 지난 금요일에 제가 담당하고 있는 대리점을 방문하셨습니다. 총괄사장님을 모신다는 생각에 어찌해야 할지 모르고 있는 저에게 선배님들은 신입사원일 때 담력을 키울 필요가 있다면서 용기를 주셨습니다.

총괄사장님과 함께했던 시간은 걱정했던 것과 달리 즐겁고 편안했습니다. 25년 동안 유니베라에 계시면서 경험하신 것들, 생각, 비전 등을 들을 수 있었던 영광스러운 기회였습니다. 총괄사장님의 말씀을 들으면서 그분의 꿈에 동참하고, 그 꿈을 널리 전파하고 싶다는 생각이 들었습니다.

그렇게 하루가 지나고 나서 '큰 산 하나를 넘었구나!'라고 생각하고 있던 중에 총괄사장님께서 쓰신 글을 봤습니다. 너무 큰 칭찬을 해주신 총괄사장님께 감사한 마음 한편으로 부끄러움도 느꼈습니다. 부경팀 모든 선배님들 덕분에 칭찬을 받은 것인데 말입니다.

"물가에 내놓은 아이 같다."라고 말씀하시면서도 언제나 저를 믿어 주고, 지원해 주시는 팀장님. 13년의 귀중한 경험 중 엑기스만을 전수해 주시는 김효재 과장님. 귀찮을 법도 한데 부처님의 인내심으로 하나하나 가르쳐 주시는 엄철호 선배님. 그리고 언제나 나와 함께해 주는 동기 이찬혁 사원.

모든 분들에게 감사한 마음을 전합니다. 그리고 여러분을 만나서 정말 행복합니다.

배지한 :: 유니베라 웰니스사업본부 부경팀

대화가 필요해

사이드브레이크를 잠그고 운전한 사연, 담배꽁초가 뒷자리에서 타고 있는 채로 운전한 사연, 음주 운전 단속에 0.049가 나와 쾌재를 부르며 통과한 사연. 매일 운전을 하며 대리점을 방문하는 영업 부서에는 이처럼 운전과 관련된 다양한 에피소드들이 존재한다. 그리고 티타임에 운전에 관한 선배들의 아찔했던 이야기를 들을 때면 꿀맛 같은 그 시간이 너무 좋아 깔깔댔었다. 앞으로 나에게 무슨 일이 일어날지도 모른 채…….

천성적으로 운동신경이 부족한 나는 자동차를 구입한 지 하루 만에 앞 범퍼를 긁었다. 그리고 당분간은 절대로 혼자 운전하지 말라는 주위의 만류에도 불구하고 무작정 차를 운전해 대리점으로 나갔다. 그로부터 일주일 정도는 내비게이션도 잘

보고, 아무런 사고 없이 운전을 잘 했다. 미숙한 운전으로 도로 교통에 방해를 주고 있다는 죄책감이 들기도 했지만, 혼자서도 차를 운전해 대리점을 오가는 나를 보며 나름대로 잘 하고 있다는 생각도 했다.

그렇게 이주일째를 넘길 무렵, 회사로 돌아오는 길에 미세한 접촉 사고를 내고 말았다. 친절하게 보험 처리를 하면 된다며 전화번호를 주고받던 운전자는 나와 헤어진 후, 180도로 돌변하여 여기저기가 아프다며 대인 접수를 하라고 언성을 높였다. 그 순간 당황스럽기도 했지만, 무엇보다도 억울함이 밀려왔다. 금전적인 문제 때문이 아니라 초보운전 딱지가 붙은 내 차를 보고 의도적으로 덤터기를 씌우려는 운전자의 태도에 마음이 상했던 것이다.

애써 마음을 진정시키고 사무실에 올라오던 중, 복도에서 대리님을 만났다. 인사를 하고 지나가려는데 대리님이 내 표정을 살피더니 무슨 일이 있느냐고 물었다. 그 말에 왈칵 눈물이 났다. 대리님은 나를 회의실로 데려가더니 자상한 말투로 무슨 일 때문에 그러느냐고 물었다. 나는 교통사고 정황을 이야기하고는 억울함을 호소했다. 대리님은 상대방 운전자를 욕하기도 하고, 울음을 멈추지 않는 나를 안쓰럽게 바라보며 위로하려고 애썼다.

사고 상황을 예로 들긴 했지만, 이제 막 1년차가 된 나에

게 선배들은 항상 위로가 되는 존재였다. 그리고 내가 일을 하면서 어려움을 겪고 있을 때, 그것을 하소연할 수 있는 존재였다. 사실 우리는 친구나 가족이 회사 동료나 선배들보다 더 친밀하다. 때문에 우리는 회사에서 겪는 어려움이나 불만을 회사 내에서는 꼭꼭 숨긴 채 밖에서 해소하려고 한다. 하지만 그들은 내가 하고 있는 업무에 대해서 잘 모르고, 일을 하면서 겪는 어려움에 대해서도 잘 모른다. 결국 우리는 친구나 가족들에게 감정적인 위안만 받을 뿐, 해결되는 것 없이 매일 반복되는 불만을 가지며 회사 생활을 하게 되는 것이다.

내가 사고가 나서 속상한 상황에 사무실에 들어와 아무 말 없이 그냥 일을 했더라면, 그리고 대리님이 내 표정을 보고도 무심하게 그냥 지나쳤더라면 어떻게 되었을까? 아마도 나는 한동안 내 마음도 모른 채 내가 잘못한 일을 질책하고, 업무를 지시하는 선배에게 불만을 느꼈을 것이다. 하지만 고맙게도 선배는 내 표정의 변화를 읽고 무슨 일이 생겼는지를 알아주는 사람이었고, 나는 그런 선배에게 내 솔직한 마음을 털어놓았다는 것이다.

여러분은 회사에서 겪는 어려움과 고민을 카카오톡이나 메신저를 통해 회사 밖 사람들에게 이야기하고 있지는 않는가? 선배와 함께 커피를 마시거나 술을 마시면서 무엇을 이야기하는가? 회사에서 겪는 개인적인 고민거리나 어려운 문제가

있으면 선배에게 터놓고 이야기해 보자. 그런 당신에게 위로와 격려의 말을 건네지 않는 선배는 없을 것이다.

이경화 :: 유니베라 웰니스사업본부 경인팀

당신을 위해 일하고 싶어요

입사 후 일 년, 지금 생각해 보면 언제 일 년이 지났을까 싶을 정도로 너무나 빨리, 그리고 정신없이 지나온 것 같다. 사실 나는 무엇이든 배우고 싶었고, 어떻게든 이루고야 말겠다는 열정과 욕심은 많았지만 업무적으로 그리 뛰어난 인재는 아니었다. 오랜 유학 생활로 인해 혼자 생활하는 것에 익숙했고, 함께 움직이는 것보다는 혼자 실행하는 것이 편했다. 또한 이성적이기보다는 감성적인 성격이어서 자료 분석이나 치밀한 계획을 세우는 일에도 능하지 못했다.

그렇게 하루하루 내 자신에게 실망도 하며 과연 내가 잘할 수 있는 것이 무엇인지를 생각하던 나에게 어느 날 한 통의 전화가 걸려 왔다. 그 전화의 주인공은 다름 아닌 내가 담당하

고 있는 대리점의 사장님이셨다.

"신 팀장, 오늘 저녁에 식사나 같이 할까요?"

평소 신입사원인 나에게 많은 걸 가르쳐 주시고, 또 누구보다도 믿어 주시던 사장님이었기에 한 치의 망설임도 없이 저녁식사 자리로 향하게 되었다. 그렇게 만나서 식사를 하며 소주잔을 기울이던 중에 전혀 예상치 못한 뜻밖의 이야기를 듣게 되었다.

"신 팀장, 내 친구 놈 하나가 로또 판매점을 하는데, 이 녀석이 장사를 아주 기발하게 하더라고."

이렇게 시작된 이야기의 내용인즉 이러했다. 로또 판매점은 자기 가게에서 1등이 배출되면 '1등 배출'이라는 대형 현수막을 내걸 수 있는 기회를 얻게 된다고 한다. 그리고 이러한 홍보 효과로 인해 찾아오는 손님이 엄청나게 늘어난다는 것이다.

"그래서 이놈이 로또 장사를 하면서 찾아오는 손님들한테 정말 간절한 마음으로 '꼭 1등에 당첨되세요!'라고 말해 주면서 장사를 하더라고. 아주 영리한 녀석이지 않아?"

이 말을 듣는 순간, 나는 무엇인지 모를 감정에 감전된 듯 찌릿해지는 것을 느꼈다. 그동안 나는 내 욕심을 위해, 그리고 내가 바라는 내 자신의 모습을 위해 노력하고, 실패하고, 실망하며 지내오지 않았던가! 사장님의 친구 분처럼 '간절하게 손님을 위하는 마음으로 일하는 것이 진정으로 나를 위하는 길이

고, 방법이지 않을까?' 하는 생각이 들었다.

이후로 나는 회사 생활에서의 목표를 다음과 같이 정하게 되었다.

'나 자신보다는 우리 본부를 위해, 대리점 사장님들을 위해, 또한 우리 UP님들을 위해 이타적인 삶을 살자!'

이런 목표를 정한 후부터는 매일 다짐한다.

"오늘도 당신을 위해 일하고 싶습니다."

신지현 :: 유니베라 웰니스사업본부 서울강원팀

10년 후의 나에게 쓰는 편지

안녕 지나야!

앞으로 10년 후 서른여덟 살이 되어 있을 나에게 쓰는 편지야~. 이 편지를 읽을 때쯤이면 네가 평생 함께하고 싶어 하던 남자의 아내, 귀여운 아이들의 엄마가 되어 있겠지? 꼭 그랬으면 좋겠다.

유니베라에 근무하고 있는 지금은 2012년이야. 스물여덟 살의 나에게 보내는 편지 이후 두 번째 편지인 거 같아. 그러고 보니 정확하게 10년 전, 고등학교 때 신사임당 교육을 받으러 가서 쓴 편지 다음으로 처음인 거 같아.

고등학교 졸업 후 부모님에게서 떨어져 나와 홀로 지낸 지 8년, 시간이 너무 빠른 거 같아. 나름 열심히 산다고 생각하면

서 살았는데도 뭔가 이룬 건 없고, 효도한 것도 없고, 지금 하고 있는 디자인 일에도 회의감을 많이 느꼈잖아~. 그래도 꾸준히 한 우물만 팠던 것은 정말 잘한 일 같아. (^^)

이렇게 편지를 쓰는 이유는 너에게 너무나도 관대하지 못하고, 스트레스를 주며 살아가던 너에게 미안한 마음을 전하고 싶기 때문이야. 이렇게 하면 서른여덟 살이 되어 이 편지를 읽을 너에게 조금이나마 미안함을 전할 수 있을 거 같거든. 외로움도 너무나 많이 타고, 스무 살이 되기 전까지는 부모님과 떨어져 보지 않았던 네가 더 넓은 곳으로 나가 열심히 일해서 부모님께 효도하겠다는 희망 하나로 대학교를 졸업하자마자 서울로 갔잖아? 공부를 빼어나게 잘한 것도 아니었지만…….

중고교 6년 동안 공부도 열심히 하고 그랬는데, 그때는 왜 그랬는지 다른 애들보다 조금 더 빨리 사회를 경험하고 싶어 했잖아? 그래서 친한 친구들의 만류를 뿌리치고 전문대학을 선택해서 열심히 사회생활을 했었던 거 같아. 그런 한편으로 스물여섯 살이 되었을 때부터는 후회 아닌 후회를 했잖아. 인생의 좌우명이 '후회하지 말자' 였던 네가 말이지. 무슨 부귀영화를 누리겠다고 그렇게 빨리 부모님과 떨어져서 아등바등 살았는지 모르겠어. 그래서 하고 싶었던 건 디자인 일밖에 없던 너에게 이 길이 정말로 맞는 길인가에 대해서 심각하게 고민도 했잖아. 물론 인정받고 싶어서 이 일을 했던 것도 아니고, 남들에게 보

여주고 싶어서 이 일을 선택했던 건 아니었는데 말이지.

그러고는 회사 생활 7년차에 마지막 회사인 '유니베라'에 들어가게 되었어. 뭐든 처음에는 어색하면서 힘들고 어렵잖아? 그리고 그렇게 바라던 (조금은 유치하지만) 사원증을 목에 걸고 다니고, 내가 하는 일에 자부심을 느끼고, 미래를 봐서도 다닐 수 있는 그런 회사였어. '유니베라'에 들어가기 전까지는 매일 밤낮으로 6시간씩 더 일하면서도 일한 보람은커녕 '나는 일하는 기계인가?', '나는 행복하기 위해서 일하는 것인가?', '나는 일하기 위해 태어난 것일까?' 하는 생각이 들 정도로 힘들었잖아. 손목에 무리가 올 정도로 말이야. 디자이너로 일하면서 자부심을 느꼈고, 정말로 열심히 살았던 너였는데 말이야.

그리고 그동안 거쳤던 회사에서는 '내가 이 정도밖에 안 되는 사람이구나!', '내가 도움이 되는 것이 아니라 오히려 피해를 주는구나!', '이 길이 정말 내 길일까?' 하는 생각을 하면서 회의감을 느끼곤 했잖아. 지금 생각해 봐도 너의 스물일곱 살은 정말 힘들었던 거 같아. 그래도 예전처럼 울지도 않고, 눈물을 꾹 참으며 버텼잖아. 참 많이 강하지고 독해졌던 거 같아.

사람이라는 게 그런 것 같아. 현실에 만족하지 못하고, 월급도 조금 더 많이 받았으면 좋겠고, 조금 더 이름 있는 회사였으면 좋겠다고 바라는 욕심 같은 거 말이야. 정말 쟁쟁한 사람들이 많았을 텐데, 말 그대로 시골 여자인 나를 뽑아 준 것만으

로도 정말 행복했어. 10 대 1의 경쟁을 뚫었으니까 대단하잖아. (ㅎㅎ) 지금 생각해도 네가 참 자랑스럽다. (^^)

그렇게 해서 시작된 7년차의 회사 생활은 더할 나위 없이 좋았어. 가장 큰 이유가 뭐였는지 알아? 엄마 아빠가 너무 좋아하셨거든. 맏딸로서 효도 한 번 제대로 못해 드려서 속상했었잖아. 그렇다고 부모님이 뭔가를 해달라고 요구하신 것도 아닌데, 정말이지 그때는 어떻게든 부모님을 기쁘게 해드리고 싶었어. 그래서 더 힘들었던 거 같아. 세상일이란 게 내 맘 같지가 않잖아. 아무도 나에게 요구하지 않았는데 말이야. 그래서 아무것도 하지 않아도 너무나 행복했어. 내가 일한 것에서 보람을 느끼게 해주고, 열심히 일하고 싶게 해주고, 무엇보다도 사회생활에서 너무나 좋은 분들을 만나게 해주고…….

물론 그게 다는 아니었어. 내 능력이 10%였다면 50%로 이끌 수 있게 해주셨거든. 부족했겠지. 아니, 실제로 부족했어. 하지만 '칭찬'이라는 게 그렇잖아? 사람을 춤추게 하니까. 100명 중에 한 명만 나를 칭찬해도 행복해지는 그런 것 말이야. 작은 거 하나를 만들어도 '정말 괜찮은데!' '만족스러워!' 이런 말들이 그렇게 힘이 될 줄은 몰랐었는데, 실제로 큰 힘이 되더라고. 그동안 나름 열심히 일하고 노력하면서 자부심도 느꼈어.

하지만 그래도 부족했어. 남들이 알아주는 좋은 대학을 나온 것도 아니고, 스펙이 좋은 것도 아니었으니까 말이지. 그래

서 엄마는 항상 더 열심히 살라고 말씀하셨고, 너는 혼자 아등바등 살면서도 너를 믿어 주는 부모님을 실망시키지 않으려고 노력했잖아. 행복해하시는 부모님 모습을 보면서 더 열심히 살아야겠다고 말이야.

그러니까 후회 없는 20대를 보낸 거라고 생각해! 그러고는 나중에 알았잖아. 너의 진심과 너를 위해 웃어 주는 한 사람만 있어도 행복하다는 것을. 물론 모두가 내 편이고, 내 마음 같으면 좋겠지만, 그건 욕심인 거야! (^^) 그런데 욕심인 것을 알면서도 사람 마음이라는 게 그렇지? 바라는 것 없이 해주다가도 어느 순간 '이 사람은 내 맘 같지 않나?'라는 의문이 들면서 힘들어지고, 자괴감에 빠지고 그러잖아. 하지만 서른여덟 살인 네가 스물여덟 살의 네가 쓴 편지를 읽을 수 있다는 것은 20대의 네가 정말로 열심히 살았다는 증거야! (^^)

지나야, 그동안 홀로 열심히 싸우느라 수고했어. 철없던 20대의 너에게는 너무나 힘들었던 날들이었지만 필요하지 않은 경험은 없었던 거 같아. 앞으로 또 10년이 지나서도 너에게 편지를 쓰고 싶어질 만큼 열심히 살자!

2012년 9월 28일

스물여덟 살의 '지나' 씀

황지나 :: 유니베라 브랜드커뮤니케이션팀

에코넷의 행복 속으로 빠져들다

2012년 새해의 첫 달이 지나간 2월 1일, 설렘 가득한 마음으로 에코넷에 입사했습니다. '유니베라'라는 예쁜 이름만큼이나 사옥은 따뜻하고 아름다운 공간이었으며, 그 공간 속에서 일하시는 분들의 표정 또한 추운 겨울 날씨와 긴장감으로 얼어 있는 제 마음을 녹여 줄 정도로 포근하게 다가왔습니다.

입사하여 정신없이 생활하다 보니 벌써 8개월이 지나갔습니다. 이제부터 지난 8개월 동안의 에코넷 생활을 되돌아보려고 합니다.

가장 먼저 생각나는 사람들은 뭐니 뭐니 해도 저희 팀 선배들입니다. 저보다 먼저 사회생활을 시작한 제 친구들은 여자들만 있는 곳에 가면 텃세도 심하고, 잘 안 챙겨 줄 것이라는

걱정을 제게 안겨 주었습니다. 하지만 입사 후 지난 8개월을 돌이켜보면 그런 걱정은 기우에 지나지 않았습니다. 오히려 회사에 대해, 업무에 대해 소소한 일 하나하나까지 자상하게 가르쳐 주는 선배들을 생각하면 이런 게 행복이 아닐까 싶습니다.

항상 자상하게 엄마 같은 미소를 보여주지만 때로는 엄하게 가르쳐 주는 오지인 선배, 처음엔 다가서기가 조금 어려웠지만 그 누구보다 마음이 따뜻한 윤미란 선배, 그리고 다른 팀 분들에게 다가가기 어려웠을 때도 활발한 성격의 팀원들 덕분에 함께 어울릴 수 있었습니다. 또한 저희 팀의 주요 업무인 전화 상담으로 인해 마음이 지칠 때도 선배들 덕분에 웃을 수 있었습니다. 업무도, 그 밖의 회사 생활도 선배들이 있어서 즐겁게 적응할 수 있었습니다. 그리고 이 모든 과정을 말없이 지켜봐 주시는 신은미 팀장님이 계셔서 하루하루 행복한 에코넷 생활을 이어올 수 있었습니다. 먼 훗날 저에게도 후배가 생긴다면, 제가 받았던 사랑과 고마움을 꼭 되돌려주겠다고 다짐했습니다.

제가 에코넷에 입사하여 느낀 행복은 두렵고 걱정스러웠던 사회생활의 시작을 두려워하지 말고, 더욱더 열심히 헤쳐 나가기를 응원해 주는 엄마의 마음 같은 것이었습니다. 이런 행복이 깨질까 두렵고, 더 잘하고 싶은 마음이 들도록, 그리고 누군가와 연애하는 기분으로 즐거운 회사 생활을 이어갈 수

있도록 도와주시는 저희 팀장님과 선배들에게 감사드립니다. 또한 회사 곳곳에서 마주칠 때마다 어려워하는 저에게 따뜻한 안부 인사를 건네주시는 에코넷의 모든 분들에게도 감사드립니다.

행복은 먼 곳에서 찾는 것이 아니고, 또 어딘가에서 툭 떨어지는 것도 아니며, 스스로 만들어 가는 것인 동시에 가까이 있다는 것을 알게 해준 에코넷에서 회사 생활을 계속 이어가고 싶은 마음으로 이 글을 마칩니다.

임동리 :: 유니베라 고객만족팀

점심 만찬은 소통의 시간

에코넷 가족이 된 지는 3개월이 채 지나지 않았지만, 전 직장과는 전혀 다른 특별함이 있는 것 같다. 여기서 내가 생각하는 '특별함'이란 유니베라 직원들의 얼굴에서 다른 회사에서는 볼 수 없는 눈부신 광채가 느껴진다는 것과 일하는 그들의 얼굴에서 행복한 미소를 볼 수 있다는 것이다. 그리고 여기가 학교인가 하는 착각이 들 정도로 같은 부서를 넘어 다른 부서 직원들과 허물없이 지내는 모습이 매우 인상적이었다.

한 예로, 출근길 전철 안에서는 피로에 찌들어 고개를 땅에 박은 채 끌려오듯 출근하지만, 성수역에 내리면 상황은 180도 달라진다. 왜냐하면 에코넷 센터의 빨간 벽돌이 눈에 들어오는 순간, 서로가 부드러운 미소를 지으며 따뜻한 인사로 반

겨 주기 때문이다.

솔직히 처음에는 이런 문화에 익숙하지 않았던 탓에 어떻게 해서 직원들끼리 잘 소통할 수 있는가에 대해 의문을 갖기도 했다. 그러나 내가 품었던 의문의 해답은 먼 곳에 있지 않았다. 그것은 바로 대한민국 어디에도 없고, 구글에서도 부러워할 정도로 아름답고 멋진 이탈리안 레스토랑 '이음'에서 점심식사를 함께하는 직원들의 '자연스러운 미소'라는 생각이 들었다.

'사람들은 먹으면서 친해진다.'라는 말이 있다. 평일 12시가 되면 급식을 받는 학생들처럼 한 줄로 서서 매일 다른 메뉴를 각자 자신이 먹을 만큼 접시에 담아 와서 직원들이 함께 모여 식사를 한다. 또한 다른 부서 직원들과도 자연스럽게 합석하여 함께 대화를 나누면서 식사를 할 수 있기에 일상생활에서 '웰니스Wellness'를 실천하고 있었다.

행복은 멀리 있지 않으며, 꼭 거대한 것만은 아닌 것 같다. 그래서 점심시간이 더 즐겁게 기다려진다. '오늘은 어떤 분에게서 어떤 에피소드를 들을 수 있을까?' 하고 말이다. 왜냐하면 식사를 하면서 듣는 밥 냄새보다 더 구수한 에피소드는 맛으로 느끼는 반찬보다 더 맛있게 느껴지기 때문이다.

끝으로 어느 날 점심 식사를 하면서 최진영 팀장님으로부터 '이음'의 설립 목적을 들을 수 있었다. 이음은 상업적인 목적보다 가족 같은 유니베라 직원들이 조미료를 사용하는 근처

식당에서 식사하는 모습을 안타까워한 총괄사장님이 직원들의 건강을 생각하여 설립했다고 한다. 이런 깊은 뜻을 알고 나니 우리 회사가 이윤과 성과만 추구하는 여느 대기업보다 훨씬 더 가치 있게 느껴졌다.

직원들의 행복을 연결해 주는 공간이자 소통의 공간인 사내 식당이 내가 찾던 행복에 가깝다고 느껴졌기 때문일까? 이 글을 쓰는 지금도 가슴이 따뜻해진다.

송인근 :: 유니베라 건식제품팀

도전해야만 얻을 수 있는 것

유니베라에 입사한 후 삼천포와 사천을 비롯한 경남 서부 지역의 대리점 관리를 맡았습니다. 일을 시작하고 나서부터는 하루 300~400킬로미터씩 운전하며 쌓이는 피로감과 식사 후 밀려오는 식곤증과 싸워야 했습니다. 더구나 매사에 의욕 부족인 사장님과 UP님들을 보며 '첫출발을 하기에 썩 좋은 환경은 아니다!'라는 생각을 했습니다.

하지만 1년이 지난 지금에 와서 돌이켜보면, 첫발을 내딛는 저에게 가장 좋은 환경이었다고 생각합니다. 우리의 알로에가 척박한 환경에서 자라나듯 제게도 이곳이 그런 곳이었습니다. 우선 항상 여행하는 기분으로 일하러 나갈 수 있었습니다. 운전을 해야 하는 2시간 동안에는 '아침 교실' 준비, 영어 듣기

를 하며 시간을 효율적으로 보낼 수 있었습니다. 지역 매출과 의욕은 낮았지만, 저의 의견과 도전적인 계획이 쉽게 받아들여졌습니다. 제가 뭔가를 해볼 수 있는 권한이 많아졌다는 생각을 했고, 어떤 것을 할 수 있을지 고민하기 시작했습니다.

그러던 중 유니베라 입사 직전까지 트레이너를 했던 경험을 살려 '노인을 위한 건강 운동 교실을 열어 보는 것이 어떨까?' 라는 생각을 하게 되었습니다. 처음에는 대리점 사장님도 시큰둥한 반응이었습니다. 시골 지역 특성상 한 번의 행사로 갑자기 분위기가 좋아질 수 없다는 것이었습니다. 그런 말을 듣고 나니 저 또한 신입으로서 괜한 일을 벌인다는 마음이 들어 고민을 많이 했습니다. 하지만 뭐라도 해보는 것이 좋다는

선배님들의 격려로 다시 자신감을 얻어 도전했습니다.

처음에는 반응이 없던 사장님과 UP님들도 프로그램을 준비하며 뭔가를 위해 함께 도전한다는 느낌을 받으면서부터 조금씩 달라지기 시작했습니다. 마침내 2월, 3월 삼천포 건강 운동 교실이 한 달간 진행되었습니다. 체육 분야에서 일하고 있는 지인 두 사람을 초청해서 2~3월까지 4주간 운동 교실을 진행했고, 4주간 대리점 식구들과 즐거운 시간을 보냈습니다. 수적으로 두 사람을 증원하는 것이 큰 성과는 아닐 수도 있습니다. 하지만 대리점 분위기가 매우 밝아졌고, 무엇이든 한 번 해보자는 의지를 다지는 계기가 되었습니다. 그 후 아쉬움이 남았지만, 밝아진 대리점 분위기에 만족하며 다시 컨설턴트로서의 임무를 수행하기 위해 열심히 노력했습니다. 그러던 중 지난 9월에 삼천포 사장님이 하신 말씀은 저를 무척이나 기쁘게 만들었습니다.

"3월 증원자 2명으로 인해 매월 증원되기 시작하여 9월 현재 조직이 10명으로 늘었고, 젊은 조직으로 탈바꿈했다. 신구의 조화가 어우러져 대리점 분위기가 김 팀장 덕분에 잡혔다."

이 말씀을 듣고 나서 '뭔가 시도해 보지 않았다면 결코 얻을 수 없는 성과와 성취감'이었다고 생각하니 너무나 기뻤습니다.

어느덧 유니베라에 입사한 지 1년이 되었습니다. 지난 1년

간 크고 작은 일들로 의기소침했을 때도 있었습니다. 돌이켜보니 일의 결과를 떠나 유니베라를 위해, 대리점을 위해 목표를 세우고 도전하는 저를 발견했을 때, 이 순간이 저에게는 가장 행복했던 시간이라고 생각합니다.

김경록 :: 유니베라 웰니스사업본부 부경팀

유니베라가 바꿔 준 멘토와 멘티

"제가 여기까지 올 수 있었던 것도 지금 이 순간까지 열심히 일하고 계신 어머니 때문이 아닌가 싶습니다. 어머니께 박수를 보냅니다."

벌써 7년이 다 되어 간다. 최종 면접을 보던 날, 면접관 앞에서 내가 했던 말이다. 어머니는 내가 일곱 살 때부터 일을 하셨다. 그것도 세일즈를! 1980년대를 살았던 수많은 아버지들이 우리나라 산업화의 주역으로 열심히 일하셨으며, 여성들도 산업 현장에 동참하기 시작했다. '웅진출판'이라는 회사에 들어가셔서 학습지와 전집을 세일즈하셨던 어머니께서는 그 이후로 올해 상반기까지 25년을 한 회사에 근무하셨다.

나는 한창 클 나이인 중고교 시절에 어머님이 옆에서 챙겨

주신 적은 거의 없었다. 하지만 어머니께서 우리 가정을 위해 일하신다는 것을 잘 알고 있었기 때문에 다른 아이들보다 더 열심히 공부하려고 노력했고, 스스로 모든 것을 챙기는 독립심 강한 아이로 성장하게 되었다. 그 결과 별 탈 없이 대학에 입학했다. 대학 생활은 너무나도 즐거웠다. 전공 위주의 공부보다는 내가 하고 싶은 것을 하며 미국, 일본, 중국, 유럽 등 전 세계를 누볐다. 그때마다 든든한 후원자가 되어 주신 분이 바로 내 어머니시다.

대학 생활을 마감하는 4학년 2학기 취업 시즌이 되어 여러 회사에 입사 지원을 하게 되었는데, 그중 한 회사가 '남양알로에'였다. 솔직히 이름은 들어보았지만, 정확하게 무엇을 하는 회사인지는 몰랐었다. 그러던 중 어머니 사무실 바로 위층에 '남양알로에 북구영업국'이 있다는 것을 알게 되었다. 아들 취업에 관심이 컸던 어머니께서는 바로 위층으로 올라가셔서 국장님을 만나시고는 '신화창조의 비밀'이라는 비디오테이프를 얻어오셨다. 어머니는 테이프를 건네시면서 이렇게 말씀하셨다.

"이 테이프를 한 번 봐라. 도움이 될 거다. 좋은 회사라고 하니까 한 번 도전해 보렴."

나는 비디오테이프의 도움으로 회사에 대해 많은 것을 알 수 있었고, 면접 과정을 거쳐 입사하게 되었다. 이런 인연으로

우리 모자는 같은 방문판매 업계에 종사하게 되었으며, 어머니는 나에게 든든한 멘토가 되어 주셨다. 그로부터 시간이 흘러 2012년 초가 되었을 때, 어머니께서는 부쩍 힘들어하시며 자주 이런 말씀을 하시곤 했다.

"이제는 일이 힘들구나! 휴~."

나는 이 말을 들을 때마다 어머니께 유니베라 대리점을 해보시라고 권유했다. 하지만 어머니께서는 한 직장에 대한 충성심과 부하 직원들에 대한 책임감으로 쉽게 그만두지 못하셨다. 나는 그 후로 왠지 우리 어머니 같은 분을 놓치면 유니베라에 큰 손해일 것 같은 생각을 했고, 지속적으로 대리점 사업을 권유하기 시작했다. 다행스럽게도 어머니께서는 관심을 보여주셨으며, 드디어 2012년 6월에 실시된 창업 과정에 지원하시게 되었다.

이렇게 해서 한 건물에 어머니와 함께 있다는 것 자체가 나에게는 정말 뿌듯한 일이었다. 어머니는 누구보다도 열심히 공부하셨으며, 하루하루가 지나면서 유니베라 가족이 되어 가셨다. 성실과 끈기로 지금까지 일해 오신 분이었기에 누구보다도 더 잘 해내시리라 믿었다. 내가 직접 참여하지는 않았지만 수료식 날 어머니께서 감동의 눈물을 흘리셨다고 들었다. 당신께서도 정말 자랑스러우셨으리라 생각한다. 아들이 근무하는 회사에서 새로운 인생을 시작하게 되셨으니, 이보다 더 감격적

이고 기쁜 일이 또 있겠는가 싶다.

어머니는 대리점을 개설하시고 나서부터 눈코 뜰 새 없는 나날을 보내고 계신다. 예전 직장에서는 아무리 열심히 해도 내 사업이 아니기 때문에 많은 스트레스를 받으셨지만, 지금은 전혀 그렇지 않다. 조그마한 것을 해도 내 사업이라는 생각 때문에, 일을 하면 할수록 기분이 좋아지신다고 말씀하신다. 이런 모습을 보면, 어머니는 타고난 세일즈맨이 아닌가 싶다.

지난 9월 14일은 어머니께서 대리점을 오픈하신 지 100일이 되는 날이었다. 어머니는 100일 기념으로 나를 대리점으로 초청하셨다. 떨리고 흥분된 마음으로 부산에 계신 어머니를 찾아갔다. 전날 교육 준비를 했지만, 어머니 대리점에서의 '아침 교실'은 부담이 되었다. '아침 교실'이 시작되고 UP님들이 내 눈에 들어오기 시작했다. 평소라면 UP님들과 함께 호흡하며 자연스럽게 진행될 터인데, 그날따라 말도 꼬이고 자연스럽지 않았다. 하지만 확실히 느꼈던 것은 '사장님이 내 어머니라는 것!', 그리고 '아들의 미래 결정 요소는 현재 어머니의 삶!'이라는 부분을 강조할 때 모든 UP님들이 나와 똑 같은 마음이라는 것을 알게 되었다. 정말 꿈과 같은 일이 일어난 것이다. 내가 상상했던 것이 이루어지고, 그 주인공이 '나'라는 것에 감사할 따름이다.

지금은 내가 어머니의 멘토, 아니 '신만덕 특약점' 사장님

의 멘토가 되었다. 나는 앞으로도 어머니께서 목표를 달성하실 때까지 꾸준히 멘토 역할을 할 것이다. 유니베라는 내게 멘토와 멘티 역할을 바꾸어 준 정말 고마운 회사이다. 이 글을 통해 어머니의 또 다른 멘토가 되어 주신 이창수 과장에게 감사를 전한다. 더불어 나를 후배로 받아 멘토 역할을 해주었던 것처럼, 내 어머니에게도 좋은 멘토가 되어 주기를 간절히 기도해 본다.

황현욱 :: 유니베라 웰니스사업본부 부경팀

내가 유니베라에 남은 이유

행복을 주제로 글을 쓰려고 하니, 지난 12년 동안의 에코넷 생활이 떠오릅니다. 에코넷에서 감격을 받거나 감동했던 일, 고맙고 감사했던 일(회사에 대해, 선후배에 대해), 에코넷에서 행복했던 순간이 어디 하나뿐이겠습니까? 일일이 열거하기에는 지면이 모자라겠지만, 몇 가지만 써 보려고 합니다.

첫 번째는 제가 이 회사에 남게 된 이유라고 꼽는 사연입니다. '아침 교실'을 할 때마다 이 얘기를 꼭 합니다.

우여곡절 끝에 입사해서 경기 남부 지역을 담당하던 시절입니다. 신입사원이라 아는 것도 없이 그냥 열심히 다닐 때입니다. '아침 교실'을 하고 UP님들과 인사를 하고 있는데, 나이 드신 아주머니 한 분이 제 손을 두 손으로 꼭 잡으시더니 우시

는 겁니다. 저는 당황해서 내가 뭘 잘못했나 싶어 어쩔 줄 몰라 하고 있는데, 그분이 감사하고 고맙다고, 살려줘서 정말 고맙다고 말씀하시는 겁니다. 알고 보니 병원에서도 포기한 생명인데, 우리 제품을 먹고 다시 살아났다는 겁니다. 그 순간 저는 너무나 뿌듯했습니다. 제가 다니는 이 회사가 자연의 혜택을 인류에게 전하기 위해 만들어진 회사라는 자부심과 정말로 좋은 일을 하는 기업이라는 게 새삼스럽게 가슴에 와 닿았습니다. 대기업에 다니는 친구들은 저에게 그 월급 받으며 왜 그런 작은 회사를 다니느냐, 언제 그만둘 거냐고 물어보던 시절이어서 고민을 하던 찰나에 UP님의 감사 인사에 그런 고민이 한순간에 날아가 버렸습니다.

'그래, 삼성이나 현대도 처음부터 대기업은 아니었어. 내가 남양알로에를 세계 최고의 회사로 만들면 되는 거야!'

이런 마음을 먹고 이 회사에 충성하게 된 것입니다. 대리점을 다니다 보니 이런 사연들이 너무 많았습니다. 어떤 사장님은 '알로에 믿으면 천당 가고, 불신하면 지옥 간다.'라는 표현까지 하시더군요. UP님이 회사를 믿고, 제품을 믿고, 고객을 설득해서 건강을 찾게 되면 그게 사람 살리는 일이라 천당에 가는 건데, 만약 불신하여 고객의 거절에 돌아서는 순간 그 고객을 포기하게 되어 고객이 불행해진다는 논리였습니다. 얼핏 들으면 말도 안 되는 소리 같지만, 나름 타당한 말도 된다고 생

각합니다. 저는 이렇게 일을 본격적으로 시작했습니다.

두 번째도 역시 대리점과 관련된 이야기입니다. 힘들어하는 어느 특약점 사장님이 그만두는 문제를 놓고 고민하고 있었습니다. 너무 힘들고 지쳐서 남편과 이혼하고 혼자서 애들을 키워야 하는데, 도저히 잘 될 기미가 없다 보니 포기하고 싶다면서 우시는 겁니다. 그 순간 저도 눈물이 났습니다. 그 사장님의 손을 잡고 펑펑 울었습니다. 사장님은 그동안 이렇게 해라, 저렇게 해라 알려 주는 담당은 있었지만 나처럼 함께 울어 주는 담당은 없었다며 이렇게 말했습니다.

"효재 씨 덕분에 다시 힘을 내야겠어요."

물론 그분은 지금도 대리점을 하고 계십니다. 전국 사장 세미나에서 만나면 너무나 반갑게 맞아 주십니다. 그럴 때면 저도 그렇게 반가울 수가 없습니다.

세 번째는 제가 유니베라 최초로 대리점과 가족이 된 이야기입니다. 제가 경북 지역을 담당하다 이규남 팀장에게 인수인계를 하고 부산 지역을 담당할 때입니다. 이규남 팀장이 저에게 이런 연락을 해왔습니다.

"대구 북부 영업국 따님이랑 선볼래?"

제가 담당했던 신구미 대리점 고 이수억 국장님이 제가 오늘의 아내와 결혼하는 꿈을 꾸셔서 맞선을 주선하셨다는 겁니다. 때마침 결혼을 생각하고 있던 차에 잘됐다 싶어 선을 보기

로 했습니다. 선을 보러 집으로 오라는 장인어른 말씀에 퇴근한 후 부산에서 대구로 선을 보러 갔습니다. 막상 선을 봐야 하는 아내 얼굴은 제대로 보지도 못한 채 장인어른 면접을 봤습니다. 결혼할 거면 만나고, 안 할 거면 만나지 말라는 말씀에 놀라 얼떨결에 결혼하겠다고 대답했습니다. 우여곡절 끝에 만난 지 100일 만에 결혼을 하게 되었습니다. 이 자리를 빌려 돌아가신 이수억 사장님과 이규남 팀장님께 감사드립니다.

제가 대리점 사장님과 가족이 되고 나니 더욱 열심히 일하게 된 것은 말할 필요도 없겠지요.

네 번째는 제가 대구로 발령받았을 때입니다. 장모님이 대구에서 대리점을 하시기 때문에, 대구로는 발령이 나지 않을 것이라 생각했습니다. 그런데 결혼 후 아내의 공부 때문에 계속 주말부부로 살고 있던 저를 측은하게 생각하신 분들이 대구로 발령을 내신 겁니다. 그런데 문제는 입사 동기인 신홍 팀장 밑으로 발령이 난 것입니다. 발령 나는 날, 발표를 보고 걱정되어서 전화 주시는 분들이 많았습니다. 회사에 이런 일이 없었기 때문에 그만두라는 것이나 마찬가지라는 말도 나오고, 그래도 참고 다녀야 한다는 말도 나왔습니다.

그때 저는 대전에서 근무하고 있었는데, 서울에서 몇몇 선배님들이 저를 위로하기 위해 대전으로 내려오셨습니다. 저도 발령이 난 게 당황스럽기는 했지만 그렇게 심각하게 생각하지

않았는데, 오히려 선배님들이 제가 혹여나 다른 생각을 할까 봐 걱정되었던 모양입니다. 괜찮다고 했지만 굳이 대전까지 내려와서 격려와 관심을 보여주시는 선배님들을 보며 그 자리에서 눈물을 흘리고 말았습니다. 나를 이렇게 아껴 주고 사랑해 주는 분들이 많다고 생각하니, 이분들의 사랑에 보답하기 위해서라도 열심히 해야겠다는 결심을 했습니다.

지난 세월을 돌아보면 좋은 일도 많았지만 힘든 일도 많았습니다. 힘이 들 때마다 제가 받았던 감동, 사랑, 배려에 마음을 다잡고 다시금 용기를 내어 봅니다. 위에 소개한 이야기 외에도 많은 일들이 있었지만, 이 정도로 줄일까 합니다.

감사합니다.

김효재 :: 유니베라 전략인사팀

행복은 사람으로부터

좋은 것들은 늘 행복감을 준다. 좋은 것들 중 가장 큰 행복을 주는 것은 바로 사람이 주는 행복일 것이다. 에코넷에서 그런 행복을 얼마나 많은 사람이 누리고 있을까를 생각해보면, 많이 알려지진 않았지만 소소하고 정감 어린 행복을 서로가 나누며 누리고 있을 것 같다. 나도 그중의 한 사람이다. 가장 큰 행복을 느꼈던 일과 상황을 에코네시안들과 나누고 싶다.

가장 큰 행복을 느꼈던 일은 2001년 고객상담 파트가 고객지원팀으로 승격했던 일이다. 아무래도 직장생활을 하는 사람이라면 회사에서 이보다 더 큰 행복은 없지 않을까? 승진보다 더 기쁜 이유는 고객을 사랑하는 회사의 정책이 조직에도 구현되고, 그 조직에 의해 더 많은 고객만족 활동이 이루어질

수 있는 계기가 만들어졌기 때문이다. 특히 내가 초대 팀장이라는 점에서 그 기쁨은 이루 말할 수 없이 커진 것이 사실이다. 게다가 그 해 내 생일이 조직 개편 결과를 발표하는 날이었으니 엄청난 생일 선물을 받은 격이었다.

물론 경험이 많지 않았던 내가 새로운 팀의 새로운 일을 체계화하는 과정에서 실수도 많았고, 오해도 많았다. 하지만 그런 시간이 없었다면 지금도 없을 것이고, 미래도 없을 것이다. 이 지면을 통해 그 사이 나에게 상처를 받았다거나, 오해(의도하지 않았으므로 분명히 오해라고 말할 자신 있다.)가 있었다면 조금이라도 풀 수 있기를 바래본다.

당시 중소기업 규모였던 회사이기도 했지만, 지금의 에코넷에서도 이런 일이 충분히 더 일어날 수 있다고 믿기에 이 얘기를 많은 에코네시안들과 나누고 싶다. 만약 아주 큰 기업에서는 있는 일이 우리 회사에 없다면, 있더라도 좀더 다르게 해보고 싶다면 그 일을 시도하고 작은 성과를 내보자. 그 일을 본격적으로 할 수 있는 토대를 회사가 마련해 줄 것이라 믿는다. 그래서 나도, 우리도, 회사도, 사회도 좋아지는 그런 행복을 내가 먼저 시도해 보자고 제안하고 싶다.

가장 큰 행복을 느꼈던 상황은 사람에 의해서다. 바로 내 주변 가까이에 있는 사람으로부터 행복이 오는 것 같다. 내가 입사했던 1996년 연말에 본사가 진천으로 이전했다. 1996년

12월 19일이었던 것으로 기억한다. 추운 날씨에 본사 이전은 암담함까지 느낄 수 있는 상황이었다. 짐을 직접 싸고 나르고 정리하면서 '과연, 우리가 지금의 상황을 벗어날 수 있을까?' 하는 걱정을 누구나 했을지 모른다.

하지만 내 동료 중 한 사람이 참으로 즐겁게 생활과 일을 꾸려나가는 것을 봤다. 그 당시는 퇴근 후에도 많은 시간을 직원들과 보내곤 했는데, 다소 먹고 놀자는 분위기가 있었다. 하지만 그는 가끔 글을 써서 현재의 어두움 속에서 미래의 따스함을 보여주었다. 지금도 그의 글들을 간직하고 있다. 나중에 그의 글이 한 권의 책으로 나왔으면 하는 바람이 있었다. 그가 쓴 글은 그저 개인의 감정을 풀어놓은 해우소가 아니라, 불안해하는 동료에게 안정감과 따스함, 희망을 주었기 때문이다.

그중 한편의 글을 소개하고 싶다.

약간 시끄럽죠
볼륨을 낮춰주세요
좀더 낮게 더 낮게…
됐네요.
이젠 서로의 목소리 들을 수 있겠죠.

괜히 마음을 빼앗던 빠른 템포도

흥겹던 멜로디도 잦아들고

이젠 얘기 할 수 있겠죠.

왜 여기까지 왔는지

어떻게 살아가야 하는지

그리고 무엇이 되어야 하는지

볼륨을 낮추고 얘기를 해봐요

서로의 목소리 들으며

아주 낮고 낮게.

박정아 :: 유니베라 전략프로젝트팀

'칭찬'의 의미를 되새기며

행복하다는 것은 지극히 개인적인 관점의 차이가 아닐까? 빵 한 조각에 행복한 사람이 있고, 고급 레스토랑에 앉아 있어도 불행한 사람이 있다. 내가 행복한 것도, 남이 행복해 보이는 것도 지극히 개인적인 감정일 것이다.

에코넷 사람들은 어떤 행복을 보고 있을까? 개인적인 것들까지야 알 수 없지만, 회사에서 마주하는 사람들은 가지각색의 표정을 하고 있다. 순간순간 지어내는 표정이 아닌 그 사람에게 스며들어 있는 표정, 그런 표정을 보며 생각하다 보면 그 사람의 살아온 시간과 성격, 습관까지도 얼핏 엿보일 때가 있다. 예를 들면 '재미있는 사람이구나!', '무뚝뚝한 사람이구나!', '즐겁게 살았구나!', '앞만 보고 달려 왔구나!' 같은 생각

을 하게 되는 것이다.

그런데 한 가지 재미있는 것은 그 사람들을 보면서 '행복해 보이는구나!'라는 생각을 해본 적이 거의 없었다는 것이다. 아마도 나 스스로 행복이라는 것을 잊고 있었기 때문에 그랬지 않았나 싶다. 혹시 그래서 다른 누군가의 행복을 보지 못했던 것은 아닐까?

'꿈을 함께하는 행복한 일터'는 에코넷이 담고 있고, 에코네시안에게 전하는 메시지다. 꿈꾸는 정원 가운데에 놓인 분수대에 우리는 그 꿈을 그려 넣었다. 그리고 우리는 그것을 잊어버렸다. 더불어 '행복함도 잊고 있지는 않는가?'라고 묻고 싶다.

그렇다면, 에코넷에는 행복한 사람이 없는 것일까? 지금까지 이런 의문에 대해 생각해 본 적도, 궁금증을 가져 본 적도 없다. 이 글을 쓰면서 생각해 보니 그러하다.

나는 언제 행복했었지? 신입사원일 때? 열심히 일할 때? 일에 대해 성과를 느꼈을 때? 이 모든 것에 기뻐했던 적은 있지만, 그것이 행복이었다고 표현할 수 있을지는 모르겠다.

가슴이 마구 뛰면서 열정이 샘솟았을 때가 있었다. 어쩌면 그때가 가장 행복했다고 말할 수 있는 시기였을지 모르겠다. 그것을 행복이라고 말한다면, 나는 왜 그 시간이 행복했던 것일까? 지금에 와서 생각해 보니, 아마도 그때는 내가 칭찬을 가

장 많이 들었던 시간이 아니었나 싶다.

'칭찬'이라는 단어를 깊이 있게 고민 해본 적이 있는가? 익숙한 단어이고, 항상 주변에 널린 단어인데도 그 말의 깊이를 생각해 보고, 고민해 본 적은 없지 않았을까? 나에게 있어서 칭찬은 가장 힘든 것 중에 하나다. 입바른 소리처럼 하는 칭찬이야 농담 삼아 뱉을 때도 있지만, 그런 칭찬이 아니라 그 상황과 시기와 대상에 맞게 하는 칭찬, 적절할 때 적절한 수위의 칭찬, 넘치지도 않고 부족하지도 않은 칭찬은 정말 어려운 것 같다.

어떤 사람은 칭찬 듣기를 좋아하고, 어떤 사람은 칭찬을 비아냥거림으로 들을 때도 있다. 또 어떤 사람은 칭찬을 지나가는 말처럼 듣고 넘기기도 한다. 나는 후자에 속하며, 칭찬을 흘려듣고 넘기는 사람이다. 나는 칭찬을 많이 듣기도 했고, 양보 받기도 했다. 그런데 정확히 말하자면, 칭찬이 아니라 내 일과 행동과 결과에 대한 긍정적인 격려라고 보는 것이 맞겠다.

예전에는 '칭찬'이라는 단어를 붙이기에는 조금 부족해 보였지만, 지금 생각해 보면 그것이 '칭찬'이라는 단어로 보인다. 흔히 좋은 결과에 대해서는 '네가 고생한 덕분에 잘 끝난 것 같다.'라고 말하고, 나쁜 결과에 대해서는 '잘했어! 그래도 재미있었잖아.'라는 말을 자주 한다. 얼핏 칭찬으로 듣기에는 그저 일상적인 언사 같고, 인사치레 같지만 그 한 마디 한 마디가 내

게는 딱 맞는 칭찬이었다.

사실 '야~ 너무 잘했어!', '훌륭해!', '네가 큰일을 했구나!' 같은 칭찬이 내게는 부담스러운 언사이기도 하고, 그저 듣고 흘려버리는 말일 뿐일 때가 많았다. 내게 칭찬은 그저 지나가면서 한 마디 하더라도 그 상황을 이해하고, 내 노력을 생각해주는 말 한 마디가 가장 크게 느껴졌다. 그런 의미에서 내게는 가장 적절한 수준의 칭찬이 아니었을까 생각한다.

상사는 내게 늘 그렇게 칭찬했다. 더하지도 부족하지도 않은 말들로, 그리고 너무 많은 칭찬을 늘어놓지도 않았지만 칭찬을 거르는 날도 없었다. 언제나 묵묵히 응원하고, 꾸준히 격려해 주었다. 그것이 내게는 신뢰의 표현이었고, 잘하고 있다는 안내의 표시였다. 상사의 신뢰와 방향성만큼 일의 자신감을 만들어내는 것은 없다고 본다. 그 자신감이 열정이 되고, 그 열정이 좋은 결과를 만든다. 스스로 자부심을 갖도록 하고, 자부심은 자신감을, 자신감은 다시 열정을 만든다. 그리고 이 모든 것을 느낄 때 내가 행복했었던 것 같다.

그 상사는 지금 없지만, 내게는 여전히 큰 가르침으로 남아 있다. 아마도 그분은 그런 칭찬이 습관처럼 몸에 배어 있었을 것이다. 혹은 그분의 성격이 그렇게 만들었을 지도 모른다. 자연스럽게 남을 배려하는 모습에서 그렇게 보였을 수도 있다. 어쩌면 결과적으로 그것이 내게 잘 맞았던 것일 수도 있다. 그

형식이야 어떻든 지금의 나를 있게 해준 분이기에 여전히 감사하고, 앞으로도 감사해야 할 분으로 기억에 남을 것이다.

에코넷 가족 여러분은 적절한 칭찬을 잘 하고 있고, 잘 받아들이고 있는가? 그리고 그것을 나와 다른 누군가의 행복으로 만들어내고 있는가? 칭찬은 행복의 바이러스라고 한다. 적절한 칭찬이 누군가에게 등대가 되었고, 행복을 주었다고 기억되듯이 우리도 칭찬을 나누고, 그 칭찬을 이해하다 보면 지금보다 조금 더 행복해지지 않을까 싶다.

행복하기 위해서는 내 삶에 의미 있는 일들을 꼼꼼히 챙겨야 한다고 한다. 모든 추억을 기억할 수 없기에 의미 있는 것들을 꼼꼼히 챙겨서 자주 꺼내어 되돌아보면 웃을 수 있는 시간이 많아지기 때문이다. 이제 묻어 두었던 시간을 잠시 들여다보고, 꿈도 찾아보고, 행복한 기억도 찾아보면 어떨까? 분수대 밑에 묻어 둔 내 꿈을 먼저 찾아보고, 왜 이것을 꿈이라 정했는지를 되짚어 보며 옆에 앉은 동료와 의미를 나누다 보면 한 번쯤 웃게 될 것이다.

에코넷의 조직 문화는 가족 같은 분위기와 웃음이 넘치는 곳, 너와 내가 다르지 않고 함께 꿈을 이야기하던 곳이었다. 지금 내 뒤춤에 감춰진 그 문화를 꺼내야 할 시간이다.

전익표 :: 유니베라 교육팀

책임감의 의미, 그리고 행복

'책임감'을 의미하는 영어 단어 'responsibility'는 're-sponse+ability'라고 한다. 이는 다른 사람이나 자신을 포함한 주위의 모든 여건을 비난하는 것이 아니라 현재 일어나고 있는 상황에 대하여 창조적으로 대응하는 능력을 의미한다고 한다. 모든 문제는 기회의 씨앗을 포함하고 있으며, 이러한 자각이 그 순간을 받아들여서 상황이나 결과를 좀 더 좋은 쪽으로 바꿀 수 있다고 한다. 우리들 각자는 인생의 모든 상황에 대하여 느낌과 바람과 대응을 결정할 책임이 있으며, 최선의 책임감은 일을 많이 해서 채워지는 것이 아니라 기쁨과 창의성으로 영혼이 바라는 일을 하는 것이라고 한다.

지난 20여 년간 에코네시안으로서 살아온 삶을 되돌아보

면 많은 근무지 변동이 있었다. 성수동에서 강남역으로, 강남역에서 진천으로, 진천에서 성수동 태신빌딩을 거쳐 현재는 성수동 에코넷 센터에서 일하고 있다. 그동안 사무실 위치의 변화에 따라 구성원과 업무의 영역에도 많은 변화가 있었다.

하지만 변화하는 환경 속에서 진정으로 중요한 것은 변화하는 상황에 대한 나의 태도와 대응 능력뿐이었다. 왜냐하면 내가 할 수 있는 것은 변화하는 상황에 대하여 나의 태도만 내가 결정할 수 있었기 때문이다. 엄밀하게 말하면 지금의 내 모습은 순간순간 변하는 과정에 대하여 내가 대응한 결과물이다.

최근 들어 주변 상황은 시시각각 급속도로 변해 간다는 느낌이다. 변화하는 상황에서 중요한 것은 상황을 긍정적으로 바라보는 내면의 태도이며, 그 상황에 대한 대응 능력이라는 생각을 다시 한 번 하게 된다.

외국인 영어 강사 '할리'와 사내 영어 수업을 하는 도중에 그가 했던 말이 생각난다. '문제'라는 말을 표현하는 영어 단어에는 'problem'과 'challenge'가 있는데, 그는 자신의 사전에서 'problem'이라는 단어를 아주 지워버리고 'challenge'라는 단어만 쓴다고 한다.

에코네시안인 나에게 다가오는 모든 상황은 문제가 아니라 기회이며 도전이다. 그 상황을 어떻게 받아들이고, 어떻게 대응하느냐에 따라 '꿈을 함께하는 행복한 일터'가 내 안에서

실현될 것이다. '꿈을 함께하는 행복한 일터'는 멀리 떨어져 존재하는 것이 아니라, 지금 이 순간 내게 주어진 과제에 대응하는 마음가짐에 의해서 이루어지는 과정이기 때문이다.

나는 오늘도 이곳 에코넷에서 모든 일에 창의적으로 대응하겠다는 마음가짐으로 대응하고 있으며, '행복은 추구하는 것이 아니라 누리고 만끽하는 것이다!'라는 문구를 가슴에 되새긴다.

공승식 :: 유니베라 경영지원팀